U0057578

le contrat naturel

自 然 契 約

×

Michel Serres

米榭·塞荷

著

王紹中

譯

奪朱20
社會政治
批判叢書

自然契約
Le Contrat naturel

作者｜米榭・塞荷 Michel Serres
譯者｜王紹中
美術設計｜楊啟巽工作室
電腦排版｜辰皓國際出版製作有限公司

出版｜無境文化事業股份有限公司
【精神分析系列】　總策劃／楊明敏
【人文批判系列】　總策劃／吳坤墉
地址｜802高雄市苓雅區中正一路120號7樓之1
Email address｜edition.utopie@gmail.com

總經銷｜大和圖書書報股份有限公司
電話｜(02) 8990-2588
地址｜248新北市新莊區五工五路2號

一版｜2024年02月
定價｜320元
ISBN 978-626-97862-2-0

Le Contrat naturel
de Michel Serres
ISBN : 978-2-7465-1743-1
© Éditions Le Pommier, 2018
Chinese translation Copyright ©2024 Utopie Publishing/©2024 王紹中

國家圖書館出版品預行編目(CIP)資料

自然契約 / 米榭.塞荷(Michel Serres)著；王紹中
　　翻譯. -- 一版. -- 高雄市：無境文化事業股份有
　　限公司, 2024.02
　　　　面；　公分. -- （（奪朱)社會政治批判叢書；
　　20)(人文批判系列)）
　　譯自：Le contrat naturel
　　ISBN 978-626-97862-2-0（平裝）

1.CST: 塞荷(Serres, Michel, 1930-2019)
2.CST: 自然哲學 3.CST: 環境科學

143.66　　　　　　　　　　　　　　112021031

le contrat naturel
michel serres

獻給羅伯 · 哈里森（Robert Harrison）

……偶然出生在森林中……（ *... casu quodam in silvis natus...* ）

（蒂托 · 李維《羅馬史》第一卷第三章）

目
錄

contents

＊台灣中文版之出版特別感謝哲學家 Martin Legros 在翻譯上的協助。

三十年後（新版前言）[1]

　　我耳聞過那位被認定為《小花》作者的聲音，此刻我仔細聽著並且希望傳遞下去。這個亞西西的窮光蛋，我們歐洲史上的一位罕見智者，他與狼交談，跟鳥共鳴，並將水果和花朵喚作我們的兄弟和姐妹[2]。

　　當盧克萊修說到 *foedera naturae* 時[3]，他或許早於亞西西的方濟各已經提到這相同的智慧；在其身後，還有拉封丹（La Fontaine），他那美妙的寓言〈朱庇特和佃農〉（*Jupiter et le métayer*）預見了我們控制氣候所引發的災難。

1　《自然契約》初版於 1990 年問世，本篇為 2018 年新版前言。
2　《小花》（*Fioretti*）指 *I Fioretti di san Francesco* 一書，出版於十四世紀末，內容圍繞著天主教聖人亞西西的方濟各（François d'Assise）展開，集結了諸多妙軼、奇蹟及故事，在方濟各死後一個多世紀以義大利語匿名發表。
3　盧克萊修（Lucrèce），西元前一世紀羅馬詩人，伊壁鳩魯派思想家，唯一傳世作品《物性論》（*De Rerum Natura*）為一首長詩，共六卷，七千餘句。*foedera naturae* 一詞出自其中，*foedera* 指羅馬與同盟國簽訂的條約或契約，*foedera naturae* 一般譯為自然契約或公約。

環境

　　透過我，這些偉大的聲音要求我們心甘情願地從法律
和條款中去除「環境」（environnement）一詞。

　　事實上，我們的古人區分了「依賴我們的事物」和「不
依賴我們的事物」。我們最近開始明白，我們如今依賴著
那些也依賴著我們的事物。此乃攸關存亡。換句話說，世
界──事物（choses）和生物──並不像我們帶著高傲所說
的那樣形成了「我們佔據其中心的一個範圍」（而此一中
心即為樞紐、焦點或指揮中心），而是必須成為我們持續
與之協商的夥伴，特別是必須與之簽署我過去提出的契約
的夥伴。

　　原因是這個我拒絕使用的環境一詞源自拉丁文
vertere，意思是轉動（tourner）。在這個圓裡，在這個曾經
顯得虛榮、如今變得危險的圓裡，我們既是世界的主體而
這個世界是我們的客體；我們又是這個突然會像我們主體
一樣行動的世界的客體。過往，我們將我們的地球放在世
界的中心，因為我們居住於此；後來，我們不得不將中心
置於太陽，再置於其他地方，最後置於無處；我們將這幾
波革命中的第一個命名為哥白尼革命，並且這個意象只跟

我們的知識有關。真是虛榮中的虛榮：把自己當太陽！然
而今日，在我們所在的現實中，我們必須將自己從中心移
開，並且如同世界一樣，也將自己置於這個自給自足的圓
的周界上。被逐出中心後，人的自戀遭逢了一記新的屈辱
（humiliation），而這一詞恰如其分，因為它同時涉及腐
植土（humus）、土地（terre）和人（homme）。這場關乎
兩顆相關聯星球的革命確實攸關存亡，它不再描述一個環
境，而是描述一個實時的相互性（une réciprocité en temps
réel）。作為捕食者或寄生者，我們靠世界和生物而活，我
們必須成為共生者（symbiotes）。

　　這個「成為」背後所隱含的自然契約（le contrat
naturel）假設了兩個具有同等地位和平等權利的夥伴。

名稱

　　相較於「自然契約」，法國政府所推動的計畫更青
睞「生態公約」（Pacte écologique）的提法。「公約」一
詞似乎是不錯的選擇，加上它會阻擋我在另一本著作《世
界戰爭》中所談的戰爭：一場也許從遠古時代就展開的衝
突，但工業革命以來越演越烈，它將人類與世界對立起

來，而如同作為回應，世界也突然開始與人類對立起來，有可能同歸於盡。但願和平降臨人類與世界這交戰的兩方。此外，公約也會把《私有的惡》⁴變成共同的善（Bien commun）。

　　相反地，在我看來，「生態的」這個形容詞則選得不好。因為，作為一門科學並且名列最盤根錯節的科學之一，生態學不能得出法律決定。難道我們會說物理公約或化學公約嗎？《私有的惡》試圖指出，這個和平條約事實上唯有在對財產權（le droit de propriété）進行詳細檢視後才會降臨，因為汙染來自佔有，因為在這方面，我們的習性延續了大多數生物的習性，這些生物努力對其棲位（niche）進行自私的控制。

　　迫不得已的話，講「世界公約」（Pacte mondial）會比較好，因為它確實是關於世界的，然而，如果考慮所有因素，我不明白為何不回到「自然契約」這個說法上，它更清楚，在我著作出版的各語言中也更容易翻譯。

　　我堅持原議。

4　《世界戰爭》（*La Guerre mondiale*）與《私有的惡》（*Le Mal propre*）皆為塞荷2008 年著作。後者台譯本書名為《失控的佔有慾：人類為什麼汙染世界？》，群學出版，2015 年。

契約

因此，1990 年出現了這樣的呼籲，如今已逾四分之一世紀。這本引發爭論的出版品主張將自然提升到法律主體（sujet de droit）的高度。此舉也讓一段既漫長又艱辛的歷史得以完結。在這段歷史中，這種過往僅限成年自由男性的地位，逐漸授予奴隸、異邦人、少數族群、女性（這些人在幾千年來一直遭受不公平對待），並且最終以普遍的方式、無區別地授予人類全體。因此，全世界，除了世界[5]，原則上都可以參與政治，以及——最重要的——都可以進行訴訟（ester en justice）。

這項不限人類並在這些參與上接納世界的新主張引發了諸多批評，當中至少出現了兩三種說法。事實上，我聽聞有人說彼時我住在加州，因而人云亦云地抄襲了深層生態學[6]的說法，然而當時我既不認識這些作者，也不知曉任何相關用語。

另一種批評不無道理地說，我們沒有任何證據主張該

5　原文為 tout le monde, sauf le monde …。le monde 指世界，tout le monde 指所有人，為保留原文藉著 monde 一詞所呈現的呼應，此處將 tout le monde 譯為「全世界」。

6　深層生態學（deep ecology）語出挪威哲學家阿恩．奈斯（Arne Næss）1973 年的一篇論文，該學說主張擺脫人類視野侷限，捍衛生物和自然本身的價值。

契約曾經簽署過；對此，我的回答是，也從來沒有任何證據說盧梭著名的「社會契約」曾經跟哪個團體或國家簽署過。

還有一種批評聲稱我們無法將法律授予客體（objets）。但誰不知道奴隸幾千年來並且直到今日都被主人和所有者當成工具或被動、無自主權的客體呢？我甚至可以引述一位著名哲學家的話，他在啟蒙主義當道的年代將婚姻界定為男性是主體、女性是客體的一個組合。因此，晉升到法律主體地位這一點往往需要跨過這道不可逾越的樊籬：是的，被解放，主體從客體中誕生。實際上，對世界而言，這種情況正在發生。我們對此一必要性卻依然視若無睹。

我完全能夠設想一場發生在黃石國家公園或庇里牛斯國家公園與違規使用者之間的訴訟。我的一本著作甚至提議，土地、空氣、水和火，就像生物一樣，應該成為法律主體，甚至成為政治主體。

對此，容我解釋。

國際的、世界的

幾年前，蓋里先生（Boutros Boutros-Ghali）擔任聯合國秘書長。因緣際會，我們一起受邀上電視。一如往常，在節目中沒說到什麼值得一提的事，不過我們在節目後聊了不少。我問他，為什麼世界各國的組織不關心諸如水、空氣、海洋或生物這樣迫切的問題？我記得他的答覆是「我有時會在聯合國成員面前提到這些問題；但各國代表皆對這方面的思考興趣缺缺，他們說：我在這裡不是為了空氣或海洋，而是為了捍衛我國政府的利益。」因此，這些會議不是世界的（mondiales），只是國際的（internationales）。

政治只關心國家，而對世界漠不關心。我們仍舊奉持一種古老而危險的觀點：政治跟那些被稱為非人的東西無關。所謂非人的東西始終相對於我們被界定出來，不過如果我們是響尾蛇，我們會把其他生物及世界定義為非響尾蛇的東西嗎？政治關乎的只是人，尤其如同政治一詞所顯現的，它關乎的是城市人 [7]；它不關心世界。自然與文化之間的古老區別也重複了相同的排斥。我們仍然踐履如下的座右銘：人與人彼此相愛。

7　字源上，政治（politique）跟城邦（*polis*）有關。

因此，我們現在必須改弦更張這項古老的做法，並視我們的政治及法律與世界一同存在，在其中存在，並且透過它、為了它、仰賴它而存在。否則，就會滅亡。

Wafel 與新的法律主體

從這裡，便產生了如下的想法：一所專門聚焦在地球上的議會。這個想法並不新穎，我自己也曾公開提過，當時我提議稱這場會議為 Wafel，亦即水、空氣、火或能量、土地及生物等每個詞在英文中的字首字母。在會議上，這些現實事物會被代表出席。

但是如何代表海水或高山冰河呢？我再說一次，藉著將無生命的客體變成法律的主體。如此，《自然契約》主張要授予世界的事物（les choses du monde）一個跟人類同等的法律地位，此舉引起了專家的不滿。從本書首次出版以來，這個想法已經向外擴散，在某些國家，我們看到這種嶄新的立法被應用在瀕危的河川上、被濫砍的森林上、遭到破壞的水岸上，甚至是被觀光業踐踏的地區公園或國家公園上。這些實體中的每一個都得到機會在司法上控訴其破壞者。

　　新的法律誕生了。誰來擬訂？唉呀，對此一問題的回答需要一個完全不同的檢視。內容如下。

第二道斷裂

　　醫學除外，有兩類知識在各國傳授，一類是精確知識，一類是人文知識，並且沿著這兩條路，兩群截然有別的人被劃分開，一邊是文學家、法學家、人文學家，另一邊是科學家。一邊的人對另一邊的人一無所知，於是有教養的無知者與沒文化素養的專家針鋒相對、毫無交集。說它們是兩個知識家族，沒錯，但更重要的是，它們也代表兩種盲目。

　　甚且，當今聽眾最多的哲學家聲稱，知識創新的各項進展，與其歸功於對實在本身做出驚天動地且稀罕的直觀及其所引發的應用，倒不如歸功在社會關係上。在人文科學的學生和研究人員眼中，這些理論的成功有賴於他們的自我宣傳，即行會（corporatisme）秘密但卻強大的作用。

誰號令？

　　然而，人文或社會的知識毋寧致力於描述，而精確的知識則從事實驗、說明，接著提出法則。甚且，而這具有決定性，前者評估社會當前的狀態，後者則催生出行動及事業。在無生命及有生命的現實中，這些行動及事業改變了世界當前及未來的狀態，包括物質的、生命的和集體的狀態。

　　然而，還不只如此，並且決定點就在此處，執政者、行政官員、記者、全部媒體，簡言之，就是那些在我們的社會中掌握公共話語權、因此聲量最大並具有影響力的人，他們無一例外，全都受人文科學、經濟學、社會學、貿易、金融、政治科學等方面的訓練。他們的言論對社會具有強大的效果，然而對世界則沒有任何影響。

　　另一邊，那些為技術或生物學變革做出貢獻的人則撼動了世界、形塑了社會。是沙特（Sartre）還是那位發明青黴素而讓壽命直線增長的弗萊明（Fleming）對二十世紀刻畫最深、影響最鉅呢？是布迪厄（Bourdieu）還是那位計算機的發明者圖靈（Turing）呢？當一方錯得離譜，另一方則改變了世界的面貌，並在人類關係、知識獲取、時間及空間的日常實踐、職業及整個勞動等方面帶來了巨大變

革。一方對另一方又知道多少呢？一邊屬於意識形態，另一邊則完成了一項積極、持久、成功並造成真實改變的工作。

社會隔閡確實發生在金錢或社會階層上，不過社會隔閡還分隔了——或許尤其分隔了——一個不斷徹底改變的世界與一些既不知為何也不知如何改變會發生的統治者或管理者。最重要的斷裂就在此處。一個在一方面被硬科學（sciences dures）所徹底改變的社會在另一方面則由軟科學（sciences douces）所領導。

有時，我不得不參加以所謂環境為題、看來煞有介事的會議；法學家、政治人物和哲學家在會議上展開討論，卻不見任何生物學、地球物理學或氣候學的代表。會議聲稱獲致結論並且擬具計畫，然而與會者不懷疑自己什麼都不懂嗎？

我們必須不惜一切代價修補這道裂縫。我的兩本著作——《西北航道》（*Le Passage du Nord-Ouest*）及《博學第三者》（*Le Tiers-Instruit*）——就是為了將這道裂縫焊接起來而撰寫的。

哲學家的責任

　　十九世紀有好幾個關於社會的方案問世。在隨後的一個世紀期間則一個也沒有。為什麼？因為在十九世紀提出的計畫被那些選擇了一種所謂「科學的」社會主義的人指稱為烏托邦，而後者則被說成無可迴避的未來。如此，作為現行資本主義經濟明確的替代方案，馬克思主義在許多地方擴散。然而，除了留下血淚成河，馬克思主義在各地都以失敗告終，它跟地球的關係在實踐上也是如此，這就讓資本主義得以不受羈絆地發展。

　　與此同時，哲學家不但未能提出任何新東西，他們反而建議人們直接投入，也就是接受某個政黨的綱領並重複其口號。哲學創造力枯竭。在辯證唯物主義崩盤後，我們並沒有任何社會模型能夠取代資本主義。此際，資本主義已經成為世界的，它的經濟活動也是如此，並且正在摧毀地球。誰來捍衛窮人和我們共同的棲地（habitat）？

　　如此，哲學家——我也身為其中一分子——要為我們所遭逢的方案闕如景況負責。我一生都在努力描述我們這個時代深刻的新事物。然而這項工作如此浩大，它所帶來的孤獨是如此之深，以至於當我窺見生命的盡頭，它猶未

完成，與這些新變化相關的政治方案也未見天日。我們同時代的許多人當然相當憤慨，我也常有同感，然而真正的解決之道是提出一個替代模型。這是我們欠缺的。

政治？

對於一個能夠帶來如此的政治革新的模型，我甚至還沒有什麼明白的見地。也許，我唯一有把握的是，要從我們跟都市——我們如今的主要棲地——的關係上清晰地分析我們的行為。由於政治一詞原本正源於城市一詞，因此今日大部分人類大量聚集在巨型都市（mégapoles）中的情況更讓我們盲目地相信一切都是政治的——此乃就政治一詞最初的意思而言的，也就是說一切都跟城市秩序有關，而正是這個秩序，通過其自身的動力和過度的擴張，佔據了大地並摧毀了世界。

如果這種城市的征服將混凝土覆蓋沃土，並且隨著它的推進，消滅了新石器時代以來人類的衣食父母——農民，那麼明日我們要如何養活自己呢？我經常有種直觀，認為人們可以將歷史本身重新思考為鄉村與城市、鄉村文明與城市文明之間綿延數千年的衝突，而從這場戰爭中，

城市文明如此徹底地脫穎而出，以至於這場勝利無異於集體自殺。我們的歷史從一開始就跟迦勒底的烏爾（Ur en Chaldée）、雅典、羅馬、巴黎或倫敦、柏林、華盛頓、北京或東京等城市歷史混融在一起。今日，整個法國也變成了一座城市，高速列車成了它的地鐵，高速公路是街道。確實，如同其他人，城市居民也應該努力去拯救地球，不過首先該做的是讓農民從絕望和滅亡中走出，他們是人類的衣食父母，他們的數量不斷減少，他們的苦難則與日俱增，因為今日所有生產者都是剝削的受害者。已然跟世界的循環勢均力敵的都市分配吞噬了它途經的一切。讓我們一起避免這種弒父行為。如果一個新成立的農民政黨發動一場全球的糧食罷工，後果將不堪設想？

今日的悲劇

儘管有些當代人推出了若干革新的生活與行動，透顯出某種未來的希望，然而恕我直言，我們正陷入一種難以臆測結局的處境中。願這些人能夠同心協力，終結這場導致生物、人類及共同棲地滅絕的世界戰爭。

事實上，在本書出版三十年後重讀，我依然覺得內容

相當站得住腳。當年，有關問題還如此新鮮，以至於人們仍能不失冷靜並一頭栽進理論思辨。如今，儘管我依然堅信重申書中的這些言論，然而這份平靜已經離我及我們遠去。我很確定，如果我們不盡快改變我們的習慣、經濟及政策，我們正走向一場歷史上前所未見的災難。如果今日重寫，我會加上這個悲劇的面向。的確，當時的談法較少著墨於生態學上，而側重在法律哲學上，儘管後者也以前者為基礎。

實際上，我們當中誰沒看見花與動物的物種正迅速消失、鳥與昆蟲不斷滅絕、生物多樣性一點一滴地失去？問題是：如果某個世界的事物或生物物種有如一根經線，它貫穿一塊織物，並與其他事物或生物物種構成的緯線在其中交織，那麼我們可否估出一個臨界點，一個滅絕的量，從此處開始，這塊織物將完全散開？我們正在接近這可怕的時刻嗎？

我們今日終於掌握了向人類敲響警鐘的數字：因飢荒或氣候變遷即將造成的遷徙運動；地球暖化、冰河或兩極冰山融化，以及海平面上升的程度；海洋的垃圾量（例如漂流在夏威夷外海的垃圾比法國面積還大）；如今這些經久不爛的廢棄物正組合出世界物件（objet-monde），也就

是說一個至少在某個尺度上可跟世界的尺度相比擬的物件；我們可以在具公信力的網站上讀到這些無可爭辯的數字，替我所表達的擔憂提供客觀的現實憑據。

　　與《自然契約》出版同時，我的出版社也讓《博學第三者》重新問世。與這篇新版前言在同一時間進行，後者的新版前言提到（正如我稍早所言），它針對上述這些擔憂提供了一帖解決良方。例如，我夢想我所提出的<u>生命及地球科學</u>（Sciences de la Vie et de la Terre）能夠在巴黎政治學院（Sciences Po）和國家行政學院（ENA）中教授。

　　在這項解方之上，還得再加上本書從法律角度提出的方法，它也開始進到許多國家的立法當中，包括法國的立法。法國憲法總算提到幾個自然要素。因此，需要三十個年頭來讓一個新觀念不再把人嚇跑並變得合理？需要整整一個世代的時間來讓被前代人視為荒誕不經的一些想法如今在後繼者眼中變得可行？

警報

　　不克修復的損壞在船上引來了最後警報：「所有人準

備撤離！」即便對於缺乏任何救生艇的地球人來說它聽來荒謬，然而它同時也以其震耳欲聾的聲響覆蓋了我在開頭處所提到的方濟各謙遜的聲音。然而，很不幸，地球上的強權在此刻既不聽那陣悽慘且無緣實現的聲音，也不聞另一個充滿至福並可帶來拯救的聲音。

戰爭與和平

　　敵對雙方揮舞棍棒，在一片流動的沙中搏鬥。彼此留意對方招數，一來一往，一方回擊一方閃避。在畫框外，身為觀眾，我們觀察過程中動作的對稱性：多麼精彩絕倫又平凡無奇的一幕！

　　然而，畫家哥雅（Goya）讓兩位決鬥者陷在泥沙中，高度至膝。每動一下，黏糊糊的坑就吞噬他們一口，乃至於兩人一起逐漸陷入。怎樣的速度？這取決於他們的攻擊性：打鬥越火熱，動作越激烈及無情，他們便陷入得越快。兩位戰鬥者卻沒注意到他們正墜下的深淵。相反地，從外頭我們卻看得一清二楚。

　　誰會死？我們說。誰會贏？他們想，並且人們也最常這麼說。下注吧。你們押右邊；我們賭左邊。戰鬥勝負未定，這意味著這組合的雙重性：只有兩位戰鬥者，勝利毫無疑問將會定奪。然而，在第三個位置上，在他們的打鬥之外，我們發現了第三方，即這場搏鬥不斷陷入的泥沼。

　　因為在此，下注者跟決鬥者一樣，處於同樣的不確定中，他們可能會一起輸，如同戰鬥者，因為很可能在戰鬥者或下注者分出輸贏前，土地就將戰鬥者們吞下。

　　人人為己，這就產生了好鬥的主體；接著有了戰鬥的關係。這關係如此激烈，乃至於感染了看戲的人，他們著

迷不已，用吆喝及錢財插一腳。

現在：我們沒忘掉事物本身（即沼澤中的流沙、水、淤泥及蘆葦）的世界嗎？無論是作為鬥志旺盛的敵對者還是不健康的窺視者，我們又一起涉足在怎樣的流沙中呢？正寫下這些文字的我依然處在黎明時分的孤獨寧靜中嗎？

戰爭之王阿基里斯（Achille）跟一條氾濫的河搏鬥。一場怪異瘋狂的戰鬥！我們不清楚，在《伊利亞特》第二十一章裡，藉著這條河，荷馬想表達的是不是有越來越多憤怒的敵人攻向這位英雄。

無論如何，當他將無數被打敗並遭殺害的敵人屍體扔進河中，水位不斷上升，乃至於氾濫的河水淹至肩，對他構成威脅。於是，一種新的恐怖籠罩了他，他放下弓與刀，舉起雙手向天並祈禱。是否他贏得如此徹底，以至於激起反感的勝利開始翻盤、轉為失敗？不再是敵人，此刻進犯的是世界與諸神。

歷史以其彪炳真相揭示了阿基里斯或其他要角的榮耀，他們在無有盡頭、不斷重啟的戰爭中贏得光榮而英勇無比；暴力以其病態的輝煌頌揚勝利者讓歷史的動力運轉起來。戰敗者不幸！[8]

8　戰敗者不幸！（Malheur aux vaincus !）為拉丁語 *Væ victis* 的法語翻譯，據悉為高盧

　　一次最早的人性化（humanisation）從這種動物性野蠻中誕生，宣告受害者比兇手更有幸（heureuses）。

　　其次，現在怎麼處理這條過去默然無語如今卻氾濫成災的河？洪水來自春天還是無謂的爭執？是否該區分兩場戰役：阿基里斯對敵人發動的歷史戰爭和他對河流施加的盲目暴力？新洪水：水位上漲。幸運的是，這天在特洛伊戰爭上，天火使河水乾涸；不幸的是，沒有結盟的許諾。

　　河川、火焰和泥漿再次引起我們關注。

　　我們永遠只對流血、追緝、偵探小說（甚至把政治搞成了謀殺）感興趣，我們只熱衷於戰場上的屍體，只熱衷於那種渴望羞辱失敗者並對勝利饑渴的人的權力和榮耀，乃至於各類表演的經營者只給我們看屍體，看奠定歷史並貫穿歷史的醜陋死亡，從《伊利亞特》到哥雅，從學院藝術到晚間電視，皆然。

　　我看到，對於這種令人厭惡的文化，現代性開始厭煩；滿手血腥的贏家在當代不再那麼受人愛戴，而就在幾處萬人塚開放後（儘管人們興味昂然地將之展示出來），掌聲也熱情不再，這是好消息。

首長布倫努斯（Brennos）於西元前 390 年率眾攻打羅馬城時所言，強調勝者為王的道理。

　　然而，在這些我期盼如今已經過時的再現中，敵對者經常在一種抽象空間中進行生死搏鬥，其中既無沼澤亦無河流，他們兀自對抗。摘去戰鬥周遭的世界，徒留衝突或爭辯，人密密麻麻，卻完全沒有事物，這是舞台上的戲，以及我們大部分的敘事和哲學、歷史和所有的社會科學：這是引人入勝的表演，被稱作文化的。誰說過主人與奴隸在何處搏鬥呢？

　　我們的文化厭惡世界。

　　然而，此處的流沙吸入了決鬥者；彼處的河流威脅著人的鬥性：土地、水及氣候，無語的世界，這些往昔在再現中作為布景被擺放的事物，這些心照不宣的事物，所有這些不曾引起任何人注意的事物，如今在猛然間出乎意料地阻礙了我們的謀劃。自然進犯我們的文化，而文化對於自然只得出一種局部、模糊、塗脂抹粉的觀念。

　　過往是地方的，如某條河流、某片沼澤，如今成為全球的（globale），地球這個星球（la Planète-Terre）。

氣候

　　在 1988 年冬季到 1989 年夏季的幾個月份裡，高氣壓

幾乎穩定地盤踞在西歐。對此，我們提出了兩種解釋，兩者都說得通。

第一種解釋：回溯近幾十年的資料，我們可以不大費力地找出類似的乾熱天氣型態，或是在欠缺資料的數千年裡，我們也可以做出如此的推論。氣候系統以強烈的方式發生變化，然而次數不多，它透過一些短暫或緩慢的、災難或溫和的、規律或混亂的變化，維持著相對的不變。所以罕見現象雖然對氣候系統帶來衝擊，卻不至於讓我們太過驚慌。

打從第四紀末期冰消作用下被大水搬移後就一動也不動的巨大岩塊，在 1957 年被一條普普通通的高山急流吉勒河（Guil）不尋常的洪水沖下山。第三次的位移將何時到來呢？明年？還是兩萬年後？這個例子純屬自然，對此我們無能為力。

正如人們所說的，罕見事件被納入或被馴化（s'acclimater）在某個氣候學中，不規則幾成常態。夏日般的冬季如今也合乎慣例：不成問題。

然而，自工業革命以來，由於化石燃料的使用，大氣中二氧化碳的濃度持續升高，有毒物質和酸性成分四處擴散，其他溫室氣體也增多：太陽照熱地球，而地球再將一

部份接收到的熱輻射在空間中；碳氧化物穹頂由於過厚，讓第一道輻射通過，卻阻擋了第二道；於是，常態冷卻速度變慢，蒸發作用也有所變化，一如溫室中的景況。那麼，地球的大氣層是否會變得像金星的一樣不適合生存？

過往，甚至遙遠的過往，也從未有過類似經驗。由於我們的干預，空氣的組成發生變化，它的理化屬性亦然。作為系統，這會擾亂它的運作嗎？我們能否描述、評估、計算、甚至思考、並最終領航如此的全球變化？氣候會暖化嗎？我們能否預見這類轉變的某些後果？我們能否預料到，例如海平面會突然或緩慢上升？而當所有低窪地區（如荷蘭、孟加拉或路易斯安那州）被新洪水淹沒時，後果會是什麼？

對於這第二種解釋，在陽光下出現的是一種新東西，罕見而異常，在原因上可以評估，但在後果上卻不行：通常的氣候學能夠馴化它嗎？

這攸關整個地球，就如同關乎全體人類一樣。

全球歷史（l'histoire globale）進入自然；全球自然（la nature globale）進入歷史：在哲學上，前所未有。

歐洲才剛享有或擔憂的穩定乾熱天氣型態所涉及的，與其說是一些被認定為「自然的」的變項，還不如說是我

們的行為？洪水來自春天、還是一種攻擊？對此，我們確實不清楚；不僅如此，我們所有知識，帶著其難以講清楚的模型，都助長了這種未定局面。

在遲疑中，我們該袖手旁觀？這作法恐有失謹慎，因為我們已經踏上一場不可逆轉的經濟、科學及技術的冒險；對此我們可以感到遺憾，即便我們懷具才華及深度，然而事實就是如此，並且情況與其說取決於我們，還不如說取決於我們的歷史遺產。

打賭

我們必須預見可能的情況並做出決定。因為我們的模型可以支持兩個相反論點，我們只好打賭。如果我們認為人類的行為無害並且賭贏了，那麼我們並不會贏得什麼，歷史也將一如既往；然而，如果賭輸了，我們會失去一切，並且對任何可能的災難都毫無準備。相反地，如果我們選擇承擔責任：如果賭輸了，我們沒有別的損失；但，如果賭贏了，我們便會贏得一切，同時繼續保有歷史行動者的地位。一邊不會贏得什麼或者將失去一切，另一邊贏得一切或者沒別的損失：這消除了一切遲疑。

然而，這套古典論證唯有當個別主體為自己選擇行動、生活、命運及最終目標時才成立；然而當必須決定的主體所要召集的不只是所有國家而是全人類時，此一論證確實能夠得出結論，但卻無法直接應用。突然間，一個地方客體（objet local）──自然──如今成了一個全球目標（objectif global），即地球這個星球。往昔，面對這個地方客體，一個主體（僅僅是部分的）猶可作為；如今，面對這個全球目標，一個新的總主體（sujet total）──即全人類──只能艱辛應對。因此，作為一套以邏輯方式處理未定局面因而具有決斷力的論證，打賭所能發揮的作用還不如這種雙重整合[9]的建構。

不過，去年在多倫多舉行的會議，以及今年在巴黎、倫敦和海牙舉行的會議，都共同見證了一種逐漸蔓延的焦慮。這場面突然就像一場總動員似的！針對相關問題，已有超過二十五個國家簽署了一份共同治理協議。人群聚集起來，宛若暴風雨前的烏雲，而這場暴風雨會不會降臨，誰也不清楚。舊式的團體致力於一種新的全面性（其開始整合起來，並展現在最優秀的科學作品中），就如同自然

9　指原本部分的主體（個人）整合成總主體（全人類），原本地方客體整合成全球客體（地球）。在下段中，塞荷將以更具體的方式說明這種雙重整合（double intégration）。

似乎也開始總合在一起。

空襲警報！並非是來自太空的危險，而是藉由空氣擴散在地球上的危機，也就是透過作為全球系統和普遍生存條件的天氣或氣候進行擴散。不喜歡小孩的西方（因為生得少，又不想支付小孩的教育）首度開始重視後代的呼吸？長期以來囿於短期的西方在今日會以長遠的方式進行擘劃嗎？科學特別以分析見長，是否會首度從總體上考量客體？甚至，在威脅當前的情況下，不同概念或科學也許會如同國家一樣聚集起來？我們的思想不久前仍然徹底植根在它們的歷史中，它們是否重新發現了不可或缺並精彩的地理？哲學曾經獨自思索全部，如今不再有夢想了嗎？

對於在其未定性及普遍性中提出的氣候問題，我們可以發現近因，也可以評估那些深遠的條件，並最終尋求可能的解決方案。一些眾所周知的直接原因出現在經濟、工業、技術及人口等面向上，然而要對之採取行動卻未必容易。我們還擔憂這些學科所提出的短期解決方案可能會加重問題的成因，使問題源源不絕。

看起來較不明顯的長期原因，接下來必須加以說明。

戰爭

總動員！我別有用意地提到戰爭爆發時常用的術語。
空中警報！我故意使用在陸戰或海戰中發出的呼叫。

因此，讓我們想像一個戰鬥情境。大體上，它讓敵對
雙方互相攻擊，無論是兩個人還是兩批人馬，無論他們是
否配備了強大武器（如手持棍棒的決鬥者、手持刀箭的人
物）。戰鬥結束後，除了決定性的勝利或失敗之外，當日
或該場戰役的彙報也對包含死亡及破壞在內的各種損失表
示遺憾。

接著讓我們以快速的方式擴大這些損失，這當然跟動
員手段的能量成正比。當擴大到已知的最大程度，我們來
到前當代的景象前，當中我們無法確定是否因為一旦動用
核武，人們預期到由參戰者帶來也將由參戰者分擔的破壞，
從而確保了一種相對穩定的和平（發展核武的國家已經相
安無事四十年了）。雖然我們不清楚答案，但我們這麼猜
想。

我不知道有沒有人注意到，這種擴大一旦達到某種全
球性，就會反過來打亂最初的框架。一開始，我們讓兩位
對手面對面（如同在哥雅流動沙土中的兩個人），以便在

最後決定出輸家與贏家。然而，也許是出於臨界效應，手段的增加及破壞的分擔產生了一種驚人反轉：突然間，敵對雙方發現他們站在同一陣營，遠非彼此交戰，而是一起對抗共同的第三方競爭者。是誰呢？

交戰的炙熱和它在人身上所牽動的利害關係的重要性（通常是悲劇的）掩蓋了這個第三方。決鬥者沒有看到他們正在下沉，戰士們也沒有看到他們一起沒入河中。

熾烈的歷史無視自然。

對話

讓我們檢視一個類似情境。假設有兩位卯足了勁反駁對方的對話者。儘管他們言辭激烈交鋒，不過只要他們同意繼續討論下去，他們就必須說共同語言，讓對話可以進行。如果其中一人，說著對方不懂的語言，那麼兩人間便不可能出現辯駁。

為了堵住另一人的嘴，某人突然在用語上有所改變：是以昔日醫生說拉丁語，二戰期間通敵者用德語，而今日巴黎報紙寫英文，讓普通人不懂，被搞迷糊了，只能乖乖聽話。幾乎所有術語在科學及哲學上都是有害的，使用的

目的只在於將同夥人士跟被排除者區分，以便維持某種權力。

　　不僅是共同語言，辯論還要求對話者使用相同的用語，至少意思差距不大，能夠一樣最好。因此，明說與否，一種預先契約（contrat préalable）已經作用在共同規範上。這種同意通常是心照不宣的，在辯論或戰鬥前就存在，或反過來說，辯論或戰鬥也以一種同意為前提；在我看來，這正是宣戰（其文本不容一絲含糊）一詞所表示的：這是在衝突激烈爆發前的一份法律契約。

　　根據定義，戰爭是一種法律狀態。

　　另一方面，如果有一個來自新源頭的巨大聲響干擾（parasiter）並蓋過所有人聲，那麼任何爭吵都不可能了。這是聲波及影像戰常見手法：擾亂（le brouillage）。晚上家中電視的喧鬧聲讓所有討論都閉嘴。在一支名為「主人之聲」（*La voix de son maître*）的老廣告片裡，一隻乖巧狗兒端坐留聲機的喇叭口前，豎直耳朵；如今，我們也成為聽話的小狗，被動聽著主人的喧鬧聲。我們不再討論，情況正是如此。為了禁止我們這樣做，我們的文明讓引擎和喇叭咆哮起來。

　　我們不再記得一個相當稀罕的詞 noise，如今只用在

「尋釁」（chercher noise）這個片語中，意思是吵架，它出自古法語，指嘈雜及盛怒。英語從我們這兒取了它噪音的意思，我們則保留了它戰鬥的意思。如果追溯得更遠，在原本拉丁語中，它意味著潺潺水聲、尖叫或波浪。*Nauticus*：navire、nausée（暈船是否透過聽覺來到我們身上？）、noise[10]。

簡而言之，在對話中，對立雙方並肩作戰，對抗可能擾亂他們聲音和論證的噪音。當席間傳來鬧哄哄的聲響，他們齊聲拉高嗓門。辯論依然是以這種同意為前提。在戰鬥的意義上的 noise 或 brouille，以對抗在噪音的意義上的 brouille 或 noise 的一場共同戰鬥為前提。

這麼一來，最初的框架就完整了：我們可以清楚看到的兩位對話者卯足了勁展開辯駁，但同時在場的，還有兩位看不見的或對話雙方心照不宣的幽靈監看著：一位是他們共同朋友，它透過關於共同語言及明確字詞的契約（至少是虛擬的）使兩人達成一致；一位是他們共同敵人，這種嘈雜的聲音，這種直到將他們的喧嘩完全蓋過的擾亂，他們實際上用了雙方合起來的所有力量與之對抗。為了存

10　*nauticus* 為拉丁文，意思是航海的、船舶的，後面跟著三個與它有字源關係的法文字：navire 指船舶，nausée 為噁心、暈船及正文提及的 noise。

在，戰爭必須對這場戰爭發動戰爭[11]。沒有人察覺這一點。

最後，這是一個四方遊戲，在一個方形或交叉的新圖案上進行，任何對話都以此為基礎。兩位爭論者沿著一條對角線交換著坦誠論證或低俗侮辱，而在與他們呈斜向或橫向關係的第二條對角線上，並常在他們不知情的情況下，他們契約的語言（langue contractuelle）步步為營地與周遭的噪音展開對抗，以保持這種語言的純粹性。

彼處是主觀的戰鬥，我指的是在主體之間、在對手之間的戰鬥；但此處是客觀的戰鬥，在沒有名字及法律地位的兩造之間進行，因為激烈而吵雜的對話所形成的熱鬧景象總是掩蓋了它們，分散我們的注意力。

辯論掩蓋了真正敵人。

我們不再進行言語交換，而是二話不說，拳腳相向。一方與另一方對打，主體對主體。不久之後，拳頭已不足以消其怒火，雙方撿起石頭，將其磨尖，又學會製鐵，造出刀劍、鎧甲和盾牌，發現火藥，然後用於戰爭，找到成千上萬的盟友，集結成大軍，擴張海陸空戰線，掌握原子力量，把它送上太空，這歷史何其簡單及單調？當手段擴大到了盡頭，這是我們需要重新審視的情況。

11　亦即為了兩位對話者間的言語戰爭可以存在，兩人必須先對噪音的戰爭發動戰爭。

　　我們來看一下數以百萬計無聲無息的亡魂：從宣戰起，每個交戰國都明白在這場戰爭中將流血流淚，並且接受了戰爭的風險與結局。一切幾乎都是在有意的情況下發生的，一切也都在預期中。在這場大屠殺中存在著無法容忍的極度嗎？歷史上完全看不出這一點。

　　再看一看物質上的損失：船艦、坦克和大砲、飛機、裝備、運輸工具和城市，灰飛煙滅。而且一旦交戰國間開啟了戰端，一旦──我敢說──敵方握有出自人類之手的毀滅手段，毀滅行為將再度被接受。

　　然而，當士兵人數越來越多、戰爭手段越來越強大時，對那些相同的情境，我們卻絕口不提對世界所造成的破壞。宣戰時，交戰方並非有意識地接受這些破壞，然而由於交戰的客觀事實，實際上卻一起釀成了它們，不知不覺地容忍了它們。對於承受的這些風險沒有清楚的意識，除了偶爾從一些可憐人身上知悉，這些被排除在崇高鬥爭之外的第三方：我們也想不起來，是否曾在舊歷史課本上，或在昔時被學校巧妙稱為「實物課」（leçons de choses）的書上，看過那幅小插圖，描繪著被騎士戰火蹂躪的燕麥田。

　　因此，一支沉沒的油輪船隊、幾艘開腸破肚的核子動力潛艇、幾枚炸開的氫彈：在誰對抗誰的主觀戰爭中取得

的主觀勝利，在面對戰爭手段所構成的客觀暴力對世界所帶來的客觀結果時，突然變得微不足道。更何況，其結果損及某個全球目標。

當代在面對一場世界衝突上所顯現的退縮，是因為如今涉及的是事物而不是人？是全球而不是地方？歷史會在自然前面停止嗎？至少這是地球何以成為共同敵人的緣故。

迄今為止，我們對世界的管理一直是透過戰爭來進行的，正如歷史的時間以鬥爭為動力一樣。一種全球變化正開始：我們的變化。

戰爭與暴力

因此，從現在開始，我將那些由國家或政府為爭奪一時的主宰而參與的核戰或傳統戰爭稱為主觀戰爭（這種主宰是如此不可靠，因為我們看到，其手下敗將雖因失敗而卸下武裝，卻在今日主宰了世界），而將那種讓所有敵對者不知不覺聯合起來對抗這個客觀世界的戰爭稱為客觀暴力。一個讓人驚訝的隱喻稱這個客觀世界為戰爭劇場（le théâtre des hostilités）：這是把實在化約成再現的舞台。在

這種再現中，爭辯出現在一種可隨意展示或拆卸的紙糊背景上。對主觀戰爭而言，事物並不存在於它們自身上。

正如一般所言，這些吵吵鬧鬧是歷史的動力。文化厭惡世界，再次清楚顯現。

然而，如果說在有意識、有意且經宣告的方式下進行的戰爭或武裝衝突依然屬於一種法律關係，那麼客觀暴力則是在沒有任何預先契約的情況下直接發生。

因此，新的方形出現了，其圖案沿用了早先對話情境勾勒出的方形：在兩個相對的頂點上，敵對者各據一方，沿著對角線廝殺。我們只看到他們：自歷史的黎明以來，他們造就了所有場面、聲響、情緒、激昂的論證及悲劇的滅亡，確保了所有再現，並撐起對話。這是辯證法的劇場，它是表象的邏輯（logique des apparences），兼具後者的嚴謹性及前者的可見性。

但是，在同一個方形的第三個頂點上有世界的世界[12]。被化約為佈景而不可見、心照不宣，它是事實層次上的敵對者在法律層次上形成的聯盟（alliance de droit des rivaux de fait）所對抗的共同客觀敵人。他們一起並且沿著

12　根據文義，世界的世界就是指事物構成的世界，塞荷稍後將以世界的世界（le monde mondial）來對比世俗的世界（le monde mondain），即將自然隔絕在外的人類世界。

另一條對角線（相較第一條呈橫向）使出全力壓迫在諸客體上，這些客體承受著他們行動的作用。每場戰役或戰爭最終都成為對事物的打擊，或者毋寧說，以作用其上告終。

而且，正如我們能夠料想到的那樣，這位新對手可能贏或輸。

在《伊利亞特》和哥雅的時代，世界並不被視為脆弱；相反地，世界構成威脅，能夠輕而易舉地戰勝人類，戰勝那些贏得戰鬥的人，戰勝戰爭本身。流動的沙同時吞噬了兩名戰士；河流讓戰敗者屍體浮於水後威脅要吞下阿基里斯。他不是戰勝者嗎？

今日上演的全球變化不僅將歷史帶給世界，也讓其力量不再穩固，變得極其脆弱。曾經是勝利的一方，如今地球成為受害的一方。哪位畫家會畫出在我們的戰策遊戲下所造成的玻璃化沙漠（déserts vitrifiés）[13]？哪位有遠見的詩人會悲嘆醜陋的染血曙光[14]？

但是人在沙漠中會餓死，就像在黏糊糊的流沙中會窒息或在洪水中會淹死一樣。被擊潰的世界最終戰勝我們。

13　例如核武或其他威力強大的武器所致。
14　醜陋的染血曙光原文為 l'aurore ignoble aux doigts sanglants，塞荷在後文中還會提到玫瑰色曙光（l'aurore aux doigts de rose），當中的 aux doigts de rose 模仿古希臘語 ροδοδάκτυλος，出自荷馬史詩《奧德賽》。上文中所提到的詩人不僅遙遙呼應荷馬，塞荷也透過了這個片語構築起古今、美醜的對照。

它的脆弱讓力量不得不減弱，因此也讓我們的力量不得不變得溫和。

在敵人間為了交戰所達成的同意，在沒有預先同意的情況下，作用在事物本身上，而事物反過來也可以作用在他們的同意上。在新方形上，我們不但可以看到敵對雙方在兩個相對頂點上各據一方，同時它也讓兩個不可見卻強大的角色在另外兩個角上現身：事物所形成的世界的世界，即地球，以及我們契約所建構出的世俗的世界，即法律。我們聲勢浩大的交戰所冒出的炙熱與噪音掩蓋了它們的存在。

甚且：我們應該將主觀戰爭的對角線設想為一個旋轉中的圓落在方形平面上的形跡[15]。這些戰爭就如同海上浪濤不可盡數，各式各樣但調性單一，前仆後繼而來。人們說它們構成了歷史的動力，然而實際上，它們只是歷史的永恆回歸（éternel retour）：約書亞為了大戰一場而止其行的這顆太陽[16]底下沒什麼新鮮事。這些戰爭在結構上沒什麼兩樣，在發展上周而復始，然而在範圍、規模、手段和結果上則不斷擴大。運動加速著，但在一種無限循環中。

---

15 方形平面呈垂直，圓呈水平，水平旋轉的圓投射在垂直平面上的形跡顯現為直線。相關描繪亦見下一段。
16 出自《舊約聖經》「約書亞記」第十章。

　　透過歷史的變化，立在一個頂點上的方形旋轉著，其旋轉之快，以至於在敵對雙方間極為顯眼的對角線卻看似一動也不動，保持水平及不變。在如此設想的陀螺儀中，與第一條對角線交叉的另一條對角線成為旋轉軸，隨著整體速度加快，它變得越加靜止：單一的客觀暴力，以愈趨穩定的方式，指向世界；中軸立在世界上，壓迫著它。第一條對角線的戰鬥在手段上越來越擴大，第二條對角線的盛怒就越統一且固定。

　　這確實涉及一道界線：當客觀暴力所帶來的悲劇的（在一種不同於以往的意義上）且非本意的效果取代了主觀戰爭的無用虛榮，某段歷史便終結了。為了一種取得勝利的決定（被欲求及被追尋的），這些主觀戰爭提升了武器，加劇了戰爭的破壞，然而因為帝國年祚不斷縮短，這樣的決定需要在總是越來越短的間隔內重複。

　　辯證法可歸結為永恆回歸，而戰爭的永恆回歸將我們帶向世界。幾個世紀以來一直被稱作歷史的東西抵達了這個極限點，抵達了這道邊界，抵達了這個全球變化。

法律和歷史

我們必須將戰爭界定為群體間或國家間的一種法律關係：戰爭是一個事實狀態，確實，但它尤其是一個法律狀態。打從最早一批羅馬法問世的古代以來，或甚至更早，戰爭便只存續在明確的宣戰手續到有權責者按規矩簽署停戰協議的手續之間。有權責者被賦予的主要職權之一正是決定戰爭開始及結束的權力。戰爭的特性不在於暴力的猛烈爆發，而在於它的組織及法律地位，因此在於契約：基於雙方達成的同意，兩個群體決定參戰，無論是以會戰形式或其他形式。稍早提到的爭執各方之間心照不宣的契約再次出現，這契約即使未被明確寫下，至少也是心知肚明的。

歷史跟著戰爭一起開始，戰爭則被理解為在法律裁決中對於暴力投入的結束及穩定（fermeture et stabilisation des engagements violents）。孕育我們的社會契約或許跟著戰爭一起誕生；戰爭以一種預先同意為前提，而後者又跟社會契約劃分不開。

在社會契約出現之前或在它之外，在純粹、實然、原始、不滅的暴力沒有約束的爆發中，人類群體不斷冒著滅

絕的危險，因為源源不絕的報復不會止息。在歷史上沒有發展出這些限制程序的文化皆已從地球上殞落了，再也無法替我們見證這樣的危險。甚至它們存在與否都成了問題。一切就如同這份戰爭契約已經過濾出我們的續存並讓我們的歷史得以誕生，將我們從純粹、實然致命的暴力中拯救出來。

暴力在先；戰爭在後；法律契約介乎其間。

因此，當霍布斯（Hobbes）稱契約前的狀態作「所有人對所有人的戰爭」，他誤解了整個時期，因為戰爭狀態以各方哲學競相說明其出現的這個公約為前提。當所有人對抗所有人，戰爭狀態並不存在，有的只是暴力，純粹且失控的危機，沒有停止的可能，身處其中的群體有滅絕之虞。事實上，並且藉由法律，戰爭甚至能夠保護我們免受暴力無止境的滋生。

因此，作為法律及神聖之神，朱庇特（Jupiter）保護我們不受暴力之害；經濟之神奎里努斯（Quirinus）當然也讓我們遠離之；然而毫不矛盾的是，戰神瑪爾斯（Mars）也以某種方式保護我們免受其害，甚至更為直接，因為祂讓司法介入最早期的侵略關係中。什麼是衝突？暴力加上某種契約。但是，如果不是作為這些早期關係最初的規約，

後者又如何會出現呢？

　　作為歷史的動力，戰爭開啟並驅動歷史。但是，在法律的約束下，戰爭循著暴力重複的動態進行，所以由它所導致的運動始終遵循著相同規律並表現出永恆回歸的樣子。基本上，我們仍然陷入相同的衝突。總統啟動核武的決定，類似於古羅馬執政官或埃及法老王的作為，只是手段有所改變。

　　因此，我說的主觀戰爭由法律所界定：這些戰爭跟著歷史一起開始，而歷史也跟著它們一起開始。法律理性（la raison juridique）或許拯救了我們所屬的地方性文化次集團，使之免於自動滅絕。相較於此，自動維持的暴力則宣判那些沒有發展出法律理性的次集團走上滅亡的道路，沒有轉圜餘地。

　　然而，如果對主觀戰爭而言，存在著法律，因此也有歷史，對客觀暴力而言則什麼都沒有，沒有限制或規則，因此也沒有歷史。人類理性手段的擴大正以難以估量的速度帶我們走向世界毀滅，而世界藉由不久前發生的一個反饋作用，有可能宣判我們全部一起（而不再僅限局部）自動滅絕。我們突然回到最古老時代，只有法律理論家在概

念中（並且也透過它們）保留了這方面的記憶。當時我們
因契約得救的文化創造了我們的歷史，而後者則藉由對先
於它的狀態之遺忘來界定。

　　因此，在與這個最早狀態非常不同但又有類似之處
的條件下，我們必須再次在集體死亡的威脅下，替客觀暴
力發明一種法律，就像一些我們無法想像的祖先發明了最
古老的法律，它透過契約讓他們的主觀暴力變成我們所說
的戰爭。這是我們必須跟人類世界的客觀敵人——世界本
身——簽訂的新公約、新的預先同意。這將是一場所有人
對整體的戰爭（Guerre de tous contre tout）。

　　我們應當重新奠定歷史這一點清楚表明了我們看到了
它的終結。這關乎戰神瑪爾斯的死亡嗎？我們要如何處理
我們的軍隊？在各國政府中，人們經常聽到這個令人驚訝
並不斷被重提的問題。

　　但事情還不僅如此：我們需要重新審視、甚至重新簽
署原來的社會契約。沿著第一條對角線，並且在世界缺席
的情況下，這份社會契約使我們聚合起來，無論好壞；既
然我們知道在面臨危險時如何結合起來，我們便必須想到
要沿著另一條對角線跟世界簽訂一項新公約：自然契約。

　　如此，兩項基礎契約便有了交集。

競爭

　　讓我們從戰爭轉到經濟關係上，情況也大同小異。生
產之神奎里努斯或職司交換的荷米斯（Hermès）有時可以
比朱庇特或瑪爾斯更有效地遏止暴力，並且使用了跟後者
相同的手法。瑪爾斯是一個多位一體的神，祂稱作戰爭的
東西，奎里努斯或荷米斯名之為競爭：透過其他方式，如
開發、商品、貨幣或訊息，軍事行動繼續。隱藏得更深的
真正衝突再次浮現。同樣模式不斷重複：化學工廠、大型
養殖戶、核能電廠或巨型油輪透過在事故中向外擴散的醜
陋及垃圾，釀成了全球的客觀暴力，它們除了尺寸（taille）
的威力之外，別無其他武器，除了對宰制人這種共同的、
契約的追求[17]之外，別無其他目的。

　　任何人造物至少有一個面向（時間、空間、速度、能
量等）達到全球規模者，我們稱為世界物件：在人類學會
建造的物件中（無論是炸彈還是衛星），我們將之區分為
軍事的物件與其他純經濟或技術的物件，儘管在戰爭或意
外這些發生頻率不一的變動中，它們產生了類似的結果。

17　指競爭雖然對全球施加了客觀暴力，但這基本上是人類之間對宰制的爭奪所衍生
　　的，這種爭奪並非純然暴力無序的，而是以預先同意、預先契約為基礎，因此塞荷
　　說這種對宰制的追求是人類所「共同的、契約的」。

　　基於稍早提到的相同原因及契約，競爭者都是事實上
的盟友，他們所有的力量都壓迫在世界上。

我們

　　但誰位於方形的第四個頂點或說陀螺儀軸的末端上？
因此，誰在壓迫世界的世界？我們心照不宣的同意隱藏了
什麼？關於世俗的世界、我們純社會性的契約，我們能否
描繪出一幅整體形象？

　　今後，對地球這個星球加以干預的，不再是作為個體
及主體的人，不再是傳統哲學及歷史意識中的戰爭人物，
不再是被奉為金科玉律的主奴鬥爭（有如沙中稀罕的那
對），不再是傳統社會科學分析下的群體（無論是集會、
政黨、國家、軍隊或者是小村莊），而是以大量方式構成
的龐大而密集的人類板塊（plaques humaines）。

　　這片超級巨大的歐洲大都會帶在衛星上清楚可見，有
如地球最大光帶，人口合計超過美國，範圍從米蘭開始，
在瑞士越過阿爾卑斯山，沿著萊茵河經過德國及荷比盧等
地，跨越北海後，從側邊涵蓋英格蘭，最後橫渡聖喬治海
峽，止於都柏林。這板塊構成了一個社會整體，在質地上

及對世界的控制上具有同質性，在尺寸上堪與五大湖或格陵蘭冰原相比擬，長期以來一直干擾著反照率（albédo）、水循環、均熱、以及雲或風的生成，也就是所有的環境因素，再加上生存在這個區塊內上上下下的物種數量及演變。

這就是今日人與世界的關係。

新的千禧年伊始，此處作為人類社會中重要的契約成員，並且起碼擁有兩億多人而舉足輕重。但這並非以人數來衡量，而是靠它所交織出的關係網絡、以及可支配的世界物件數量。它起的作用宛如一片海洋。

我們只需要在夜晚透過衛星來觀察地球，便可以辨識出這幾處大片的密集斑塊：日本、美國東北部的大都會帶（從巴爾的摩到蒙特婁）、這座歐羅巴城邦（巴黎好似遠遠看管一大群怪物的牧羊人）、以及亞洲四小龍所形成的不連貫細繩（南韓、台灣、香港、新加坡）……呈直線上升的人口增長在分布上並不平均，而是凝聚且集中在若干巨型的整體中，成為龐大的人口庫（banques d'hommes）。其作用絲毫不亞於作為冰、熱、乾旱或水之存庫（stocks）的海洋、沙漠或冰原；這些巨大的整體相對穩定且自給自足，向外擴張並且壓迫著地球，結果有好有壞。

過往，當群體規模還如此小，說「我們」已經顯得荒

唐又過時的時候，如今淹沒在這些超級龐大團塊（masses）中的個體行動者還能自稱「我」嗎？

昔日，消融或分散在地球上、在森林或山巒、沙漠和浮冰間，瘦骨嶙峋的主體不見蹤影。宇宙毋庸武裝，就可以戰勝他：一股蒸氣、一滴水便足以置他於死地；有如一個小點般地被吞沒，這就是過去的人，被氣候征服的人。

假設在這些年代，就在米勒《晚禱》的鐘聲響起之際，有顆衛星掠過平原，有哪位衛星觀測員會隱約望見兩位矗立著的農民就在那邊？深深融入在世存有（l'être-au-monde）中，跟個人與個人的關係（l'un-avec-l'autre）密不可分地連在一起，手中握著農具，至死雙腳都深陷在傳統耕地裡，沉入地平線下，當帶著神諭的天使經過時，他們－在－此（ils-sont-là），虔誠傾聽著存有與時間的語言。我們的農業或林業哲學所談的東西，與懷舊俗套的繪畫所呈現的內容並無二致。

有如一根彎曲的脆弱蘆葦，人思考[18]，同時知曉自己將死於這個不知道它正在殺死他的宇宙手中；因此，他比其征服者更高貴、更有尊嚴，因為他理解它。

18　法國哲學家帕斯卡在《思想錄》提到「人只不過是一根蘆葦，是自然界最脆弱的東西；但這卻是一根會思想的蘆葦」。

在宇宙中無足輕重，消融於在此存有的所在之處，人完全沒有達到物理存在的高度：這就是在米勒《晚禱》的時刻或農業本體論（ontologies agricoles）年代的人的狀態，沒有自然上的份量。現在，互換力量、弱小性和脆弱性，他變成一個物理變項。他不再像一個無維度的點那樣被吞沒，而是作為整體而存在，超越地方而擴展在巨大的板塊上，可在天文上觀察到，一如海洋。他不僅可以藉著科學和技術來將自己武裝起來戰勝宇宙，或是裝備自己以領航它，而且他單單憑藉著人的聚集所形成的團塊便足以壓迫宇宙：這個從米蘭一直延伸到都柏林的在此存有。如果被征服者獲得了征服者失去的一種尊嚴，那麼我們的世界也變得高貴。

　　據說，中國的萬里長城可從月球上看到；如此，透過人口成長及高度聚集，我們未久前終於超過了臨界尺寸，乃至於帕斯卡的點[19]凝聚起來，最終形成了種種變形：表面、體積和團塊。然而我們開始明白大型存庫在全球運行及演化中的角色，以及海洋、大氣、沙漠和巨型冰河單獨及合併的功能。如今存在著人湖（lacs d'hommes），成為地球物理系統中的物理行動者。人是一個存庫，是自然中

19　即綜合了上文提及的人在過往如同一個無維度的點及以蘆葦來形容人的帕斯卡。

互連程度最高的一個。他是一個無所不在的存有（un être-partout），並且連結在一起。

　　古代哲學家說，透過社會契約，人聚集起來，形成一隻巨型動物。從個體到群體，我們在尺寸上不斷擴大，不過同時我們也從思想層次降到魯莽、沒有頭腦或不自覺的生命層次。這話說得如此正確，乃至於當公眾性（publicité）——或公眾的本質——提到「我們」的時候，它永遠不會真正知道自己在說什麼或想什麼；因此，就臨界尺寸而言，這是跨過它的情況，但在存在的層次上，卻是低於它。

　　吞食著青草或收割的燕麥，時不時找隻什麼來大快朵頤一番，由利維坦[20]所組成的這個獸群幾乎跟在此存有一樣輕盈，散布在田園及牧場間，在地球物理系統的整體中可以忽略不計，即便獸群在自己所屬物種的均衡及進化上起著一定的作用：諸怪物間的貪食者。

　　這個獸群持續成長超過利維坦，越過了某個臨界點後，整體便從怪物的層次上升到海洋的層次，同時也從生物的層次下降到無生物的層次，無論這種無生物是自然的

20　利維坦（Léviathan）是《舊約聖經》中提到的一種兇猛水中生物。利維坦也是十七世紀英國哲學家托馬斯・霍布斯（Thomas Hobbes）的著作名稱，用來比喻維持社會秩序的強勢政府。

還是人造的。是的，大都會帶變成物理變項：它們既不思
考也不吃草，它們舉足輕重。

　　如此，君王（le prince）──過去的牧羊人──如今必
須成為領航員（pilote）或控制論家（cybernéticien），無論
如何，他都是物理學家。

　　人與世界的關係互補、互換，甚至倒轉。

　　在物理上無足輕重，會思考的動物埋沒在比自己更能
適應的物種當中，個體──或說在此存有──對全球世界
的影響，跟史威夫特（Swift）描寫的蝴蝶一樣多：蝴蝶在
澳大利亞沙漠中拍了一下翅膀，也許在明日或在兩個世紀
後，在機緣巧合下，以一場雷雨或一陣微風的形式，在愛
爾蘭的草原上產生迴響[21]。「我思」（cogito）的「自我」
（ego）具有跟鱗翅目昆蟲顫動的翅膀一樣的力量、一樣的
遠程因果關係或影響範圍；思想跟嘶嘶作響的蟋蟀透過鞘
翅所發出的唧唧聲是一樣的，也就是思想跟此等事情是無
分軒輊的：不多也不少。雖然思想有可能從遠處產生颶風

21　此處的史威夫特可能指的是強納森・史威夫特（Jonathan Swift, 1667-1745），愛
　　爾蘭作家，《格列佛遊記》作者，其詩作 Cadenus and Vanessa 被認為與紅蛺蝶屬
　　（Vanessa）的命名有關。不過，塞荷此處文字主要觸及的是混沌理論中的蝴蝶效應，
　　提出者為美國氣象學家愛德華・羅倫茲。

般的力量，但是除了少之又少的例外，多半的情況是沒有任何影響。一切端視所涉及的思想毫無價值或威力無比。

確然，當思想只用來思考怎麼構築石牆或如何訓練耕牛，地方鏈條（chaîne locale）贏得了效用。然而，此處無涉全球自然，而這是今日唯一關鍵之事。

整個科學史的努力就在於讓「從思想－蝴蝶到颶風效應」這個可能性極低的鏈條保持恆定、受到控制及掌握。而恰好，從這種軟原因過渡到這些硬結果，這正是當代全球化的內涵 [22]。

舊的群體──還停在生物層次的利維坦──在物理上仍然無足輕重，它有的效用只是生物學的，正如同它有的思想也只是魯莽的一樣。借助這隻巨型動物，我們在與其他動、植物物種的生存鬥爭上獲得了如此的勝利，乃至於在抵達一個臨界後，我們開始擔心勝利會在轉瞬間化為失敗。

我們已經達到了如此的一些尺度，乃至於我們終於以物理的方式存在。在集體中變成野獸後，思考的個體在多重結合下變成石頭。新世界便建立在這塊石頭上。大都會

---

22 此處的全球化（globalisation）必須從塞荷談的地方到全球的角度來看（例如，人類從一種在地存有轉變成足以影響全球的人類板塊）。

帶中那些硬又熱的建築頗能等同於大量的沙漠；等同於成
群的泉、井、湖泊，其浪濤高過阿基里斯的小河；等同於
不停移動的荒野，其規模遠大於哥雅的沙地；或等同於海
洋或既堅硬又動態的構造板塊。我們終於以自然的方式存
在。過往精神發展成野獸，如今野獸正發展成板塊。

我們現今遍見於所有的存有等級：精神存有、生物存
有及無生物存有：作為個體，我思考；作為群體動物，我
們生存；我們的群體跨入了海洋造化的層次。我們不僅入
侵了世界這個空間，而且我可以說，我們還入侵了本體論
層次。在思想上或溝通上我們居首，在各種生命中我們所
知最多，在物質整體中我們最活躍。無所不在的存有不僅
擴散在廣延中，也擴散在各存有界中。

我那在蝴蝶翅膀上進行的因果思維（ma causalité
cogitante en aile de papillon）添上我們對物種攸關生死的影
響，如今已然臻於純物理行動的境界。無論如何，我過去
是、至今依然是一位在軟科學及硬科學上的地方參與者；
今後，我是一位在物理科學上機會不大的全球行動者，
然而我們一起在所有的自然科學領域中具有效力並帶來壓
迫，各地皆然。脆弱才剛換了陣營。

這就是出現在方形第四個頂點上或陀螺儀軸末端上的

人：一個在世存有，如今變成一個跟世界勢均力敵的存有。
這種勢均力敵使得這場戰鬥勝負難料。

全球自然即為地球這個星球的全部，也就是地球的地
方元素與大型次集團（海洋、沙漠、大氣或冰存庫）之間
雙向及交叉互動的所在。這種全球自然正是這些剛冒出的
人類板塊的新對應方。而人類板塊則是個體之間、子群體
之間、他們的工具、世界物件及知識之間雙向及交叉互動
的地方，也就是一些跟地點、在地性、鄰近性或接近性逐
步脫節的聚集體。在此存有變得稀罕。

上面所言就是我們與世界的關係狀態，或說在這些關
係上雙方旗鼓相當的局面。這正是一個時代的開端。當中，
舊的社會契約之外應該要再加上一份自然契約。在客觀暴
力的形勢下，除了簽署它，我們別無選擇。

至少是戰爭；最好的情況則是和平 [23]。

認識

23　「至少是戰爭」，指至少能跟自然建立起某種預先同意，讓雙方的衝突至少能夠成
　　為戰爭，因而從屬某種法律狀態，避免純粹暴力。

　　同樣，知識情境也從不將個體與其對象關聯起來看待，如此的孤立狀態很快就偏離正道，走向無中生有的虛妄及謬誤中，然而還是有越來越多的研究者，藉著由他們自己所界定並且接受的專科知識切割方式互相控制。

　　昔日想像出來的知識主體，或躲在暖房內召喚魔鬼與神明[24]，或退縮在其超驗條件下。然而，這個主體打從科學之始便讓位給一個團體。這個團體無論在空間上、在時間上是集中還是分散，都受一種同意主導並規範。此一同意可以是有共識的或相反地是不斷受到爭議及論辯的：根據不同的知識場所或歷史時刻，兩者皆屬實；在知識方面，對抗者之間締結同意的情形猶勝於前文提及的情況。

　　簡而言之，這種戰爭或和平奠基在一種心照不宣的契約上，這種契約將學者集合起來，如同前面提到的對話者、士兵或經濟競爭者一樣，它類似於古老的社會契約。沒有這個契約，科學不復存在，正如沒有社會契約，社會也不復存在一樣。我們以最嚴謹的方式所能追溯到的最久遠的古希臘源頭中，第一批學者（無論是他們是聚集一地或分散各處），他們之間爭議的情況多過於他們能論證的情況，

24　此處應該指的是待在暖房內進行哲學思考的笛卡爾，在思辨什麼東西無可懷疑時，笛卡爾假設魔鬼或神明欺騙他的可能，從而逐步推導出不可懷疑的結論。參見笛卡爾《第一哲學沉思》。

法學家如此，幾何學家亦然。

　　如此，知識主體被定義為將參與者跟科學事業連結起來的這個連繫。不若有時被認為的那樣，實際上，它較少被歸結在一套共同語言上（無論是口語還是書面的，況且這語言如此多變而多樣），而是被歸結到這種共同語言後頭或下面一種心照不宜且穩定的契約上，這個契約的法律主體就是科學主體：其乃虛擬的、現實的、形式的、操作的。

　　讓我們以略顯乏味的方式來說說這主體所經過的歷程：從童年開始，個體就進入跟那個由契約連結起來的社群的關係中；在開始對專門知識對象進行研究前，他必須先經過若干專責的審查委員會，決定是否接受他；在廣泛、深入的研究後，他再次經過其他的權威機構，決定是否在其欽定的語言中接受他的著作。沒有第一項判決就沒有學者，沒有第二項判決就沒有知識。對過去的個體主體（我或您，皆為知識上順從的接收者或傳遞者，某些情況下或許是創造性的生產者）而言，知識的過程從訴訟（procès）到案由（causes），從判決到選舉，因此始終不脫司法領域。科學透過契約進行。事實上，科學的確定性和真理取決於這些裁決（jugements）的程度，並不亞於這些裁決取決於科學確定性和真理的程度。

正如我們在大量案例中所見，科學史經常與法院宣判、或學術與其他權威機構的歷史密不可分。被公認是「科學的」的知識源於這種知義論（épistémodicée）[25]；我用這個新詞彙所指的是科學與法律、理性與裁決間的全部關係。

即便學者認識事物先於針對案由進行爭論，知識法庭卻是在認識事物（經常是平和的）之前先審理案由（經常是衝突的）。在科學中，法律早於事實，如同主體先於客體一樣；但事實早於法律才對，正如客體先於主體一樣。

因此，讓學者獲致同意的法律契約跟事物有所關聯，它發現它們，分析它們，將它們構成科學對象。同樣地，在此，一個透過契約獲致同意的世俗的世界，關聯上一個透過若干法則建立起一致性的世界的世界，而我們無法清楚說明這些法則跟審理我們案由的法庭所持的法律之間有什麼關係。

換句話說，科學知識是一種過渡的結果。這個過渡使案由成為事物，使事物成為案由，也經由它，事實成為法律，反之亦然。它是從案由到事物及從法律到事實的相互轉換：如此我們得以理解它的雙重處境，一方面是在所有

25　由作者結合了兩個希臘字根 *épistémo* 及 *dicée* 所創造的新詞，前者與知識有關，後者與正義有關。萊布尼茲以相同方式創造出神義論（*Théodicée*）一詞。

思辨性理論中看到的仲裁協議（convention arbitraire），另一方面是奠定一切應用的忠實且精確的客觀性。

結果，我們在對話、競爭和衝突中所看到的法律與事實之間、契約與世界之間的關係，在科學知識中被原封不動地延續著：從定義上及實際運作上來看，科學是一種關係，被維繫在將學者結合起來的契約與事物的世界二者之間。而這種介乎協議與事實的關係並未獲得法律名稱。它在人類歷史上獨一無二，並且如此神奇，乃至於從康德和愛因斯坦以來，我們不斷對之感到驚奇。這裡，我們似乎可以說人的決定與客體的決定交會了。這樣的情況絕對不會發生，除了在奇蹟和科學中！

這涉及法律，因此涉及了仲裁協議。然而它關乎事實，那種被建構起來並受到控制的事實，自然的事實。因此，科學自成立以來就扮演著自然法（droit naturel）的角色。這個被廣為接受的說法中包含了一個深刻的矛盾，即某種仲裁性和某種必然性之間的矛盾。科學也包含了同樣的矛盾，情況如出一轍。物理學是自然法：它從一開始就扮演這個角色。面對著心繫前者的伽利略，那些捍衛後者的樞機主教在自己設的局中敗下陣來。

那麼，誰會對自然法的問題如今跟這個還描述了群體

在世界中位置的科學如此密切的關係感到驚訝呢？因為，
作為大板塊上一個小小的次集團，這個知識團體還面對著
與之維持著傳統關係（無論是有共識的還是對立的）的其
他團體，而這些關係必須透過一些普通的契約來解決。

　　這麼一來，原初的戰鬥情境在知識中再度出現。就
像先前一樣，在此一個基於同意結合而成的團體在一種不
受支配、沒有管理的無意識暴力關係中面對世界：控制
（maîtrise）和佔有（possession）。

　　科學的起源類似人類社會的起源，如同姊妹：知識公
約，就像某種社會契約，以相互的方式控制知識表達。然
而它並沒有跟世界和平共處，儘管它更接近世界。

　　當今日我們聽到，人們在為一個執行裁判工作已
逾兩千年的知識或理性所帶來的好壞展開南轅北轍的辯
護，這有什麼好驚訝的？三百多年前，著名的《神義論》
（*Théodicée*）對於苦難和邪惡的原因做出了決定，並且對於
造物主悲劇性的責任給了答案：今日，我們不清楚要在哪
個法庭上、在何種形式下，對一樁類似的案件展開辯論，
它一樣關乎好壞，不過當中那位理性的生產者和預知的負
責人早已重新將全體人類納入。《知義論》是這樣的一本

書準確及可能的書名，然而這何其醜陋，讓人無法採用[26]。

　　科學統合了事實與法律：這說明了它今日的決定性位置。知識團體不但有能力控制或侵犯世界的世界，它們也準備領航世俗的世界。

美

　　沒有什麼跟世界一樣美，它是美的存在本身；沒有這位一切華麗的慷慨賜予者，任何美都不會出現。身處在特洛伊戰爭的各種暴行中，盲眼的荷馬仍歌詠著玫瑰色的曙光[27]；哥雅的畫作哀嘆著相似但更接近我們的恐怖，但他從公牛的驕傲上獲得了他的力量。對那些擁有甚至只是一般智性而看出戰爭虛妄或毫無人性並遠離之的人而言，或者對那些無意為自己最壞的慾望背負恥辱名聲的人來說，今日，世界的世界給予的是一幅殘缺美的痛苦容貌。黎明那奇妙而怯生生的光會被我們的粗暴所傷害嗎？

　　從世界的世界和世俗的世界的對等、同一及融合中，美湧現。因此，透過人這邊，美超越了實在，透過實在這

26　這本書是塞荷想像的，如同萊布尼茲為神辯護寫出《神義論》，為知識或理性辯護的書可以取名為《知義論》。

27　參見註14。

邊，它超越了人，並且在兩種情況下，讓二者都昇華了。
儘管說不清楚，認識論和美學（取其兩個意義）都談到理
性與實在間的和諧，這是一個奇蹟，它讓——我再說一
遍——康德或愛因斯坦等人驚訝不已、目瞪口呆。

汙染（pollution）是神聖語言中的一個古老詞彙，意
思是汙穢和褻瀆、侮辱、侵犯和不名譽。我們用它來稱這
種旗鼓相當狀態的中止。神聖的風景、聖山、洋溢眾神無
數笑顏的海[28]，怎麼會變成垃圾傾倒場、駭人的停屍地？
藉著物質垃圾及感官垃圾的四散，我們掩蓋或抹去了世界
之美，並將其繁多性之豐饒增生，化約成我們獨掌大局那
種既荒蕪又炙烈的單一性。

比一場洪水發生的可能性（猶純屬臆測）還可怕，這
種致命的氾濫問了前不久美的謎團所提出的相同歷史、法
律、哲學、甚至形上學問題，只不過現在反向提問。過往，
在兩個世界對等的情況下，它們的相遇有如一首和諧與歡
愉之歌，標誌著我們祖先的樂觀和幸福（即便身處在戰爭
或爭端的恐怖中，也沒有人能從他們那兒將世界奪走），
對比於今日我們由於二者的決裂而焦躁不安。

28　原句為 la mer au sourire innombrable des dieux，或呼應古希臘詩人埃斯庫羅斯
　　（Eschyle）詩句：海的無窮笑顏（l'innombrable sourire de la mer）。

　　如果我們的理性結合實在，而實在結合我們的理性，我們理性事業將不會留下任何殘餘（résidu）；然而，如果垃圾在將它們分開的間隔中不斷增加，這是因為這樣的間隔製造了汙染：汙染填滿了從理性到實在的距離。但隨著汙穢增加，兩個世界間的分歧越來越嚴重。醜陋隨著不和諧而來，反之亦然。我們還需要證明我們的理性對世界的壓迫嗎？它不再感受到對美不可或缺的需要？

　　美需要先有和平；和平以一份新契約為前提。

和平

　　迄今為止，各民族或國家之間還沒有找到任何有力或具體的理由攜手合作，並在它們之間建立長期的停戰，有的只是一種關於永久和平既抽象又可笑的表面想法，因為每個國家皆可認為自己在世界上是絕無僅有的。沒有任何東西、人或集體能夠在它們之上，因此也沒有任何理由可以高過於它們。

　　自從上帝死了，留下的只有戰爭。

　　但是，一旦世界本身跟各民族或各國的集合（即便不無衝突）一起納入一份自然契約中，這就提供了和平的理

由，同時也提供了所追尋的超越。

　　我們必須下定決心建立我們之間的和平來保護世界，我們必須下定決心達成與世界的和平共處來保護我們。

自然契約

兩個 temps

　　出於偶然或智慧，法文用了同一個詞 temps 來表示
流逝和流動的時間（英語 *time*、德語 *zeit*），以及出自
氣候而我們祖先名為大氣現象（météores）的天氣（英語
weather、德語 *wetter*）。

　　今日，我們的專業見解及擔憂轉向了後者，因為我們
強大的能力，或許以災難的方式，干預著我們祖先認為並
不依賴我們的全球自然。如今，不僅它可能依賴我們，並
且反過來，為了存活，我們也依賴這個充滿動態的大氣系
統：它既易變又相當穩定，既有決定論色彩又具隨機性，
具備準週期，但它們的節奏及回應時間又變化劇烈。

　　我們如何使之變化呢？由於我們不斷擴大的工業活動
及技術能力，並且在大氣中排放了成千上萬噸的碳氧化物
及其他有毒廢棄物，在整個氣候中，怎樣的嚴重失衡將會
發生？怎樣的全球改變將要到來？目前，我們還不清楚該
如何在一個如此廣泛複雜的層次上進行整體轉變的評估，
或許──甚至，特別是──我們也不清楚要如何思考作為
時間的 temps 和作為天氣的 temps 二者的關係：單一一個
字詞對應著兩個看似截然不同的現實。因為關於全球變化、

平衡及其吸引子（attracteurs），我們是否知道比氣候與大氣模型更豐富及更完整的模型？我們陷入了一個惡性循環。

　　換句話說：我們正面臨著怎樣的危險？居首的問題是：從哪個臨界點及哪個日期或時間點開始，重大風險將會出現？在暫時不清楚這些問題答案的情況下，審慎的態度——以及政策——會問：該做什麼？何時做？如何決定及決定什麼？

　　首先：誰來決定？

農民與水手

　　往昔，有兩類人生活在戶外惡劣的天氣中：一類是農民，一類是水手，他們每一刻的時間安排都取決於天空與季節的狀態；從最簡陋的技術開始，兩類人一步一步地發展出最先進的技術，如今我們對於他們的貢獻卻全然忘記。某份古希臘文獻將地表劃分成兩區：使用鑱子的一區，使用船槳的一區。然而，這兩類人正逐漸從西方地表上消失；過度的農業發展與大噸位的船舶將海洋和陸地變得荒蕪。農業作為一般人類生活及若干特殊文化的領頭活動，它的

消失毫無疑問地是二十世紀最重大的事件。

當代人只住在室內，完全沉浸在第一種 temps 中，他們擠在都市裡，既不用鏟也不用槳，更糟的是，還從未見過它們。他們對氣候漠不關心，除了在假期中以田園懷舊和笨手笨腳的方式重新找到世界，他們無知地汙染了並不認識的東西，其很少傷害他們，也不曾引起他們的關心。

骯髒的物種、狡猾的傢伙和開車族匆匆丟下垃圾，因為不住在途經之處，便恣意汙染。

再問一次：誰決定？科學家、行政官員、記者。他們怎麼生活？首先，在哪兒？在實驗室（科學在此對現象進行複製，以便更妥善界定之）、在辦公室或工作室裡。簡而言之，在室內。氣候再也不會影響我們的工作。

我們關心什麼？數據、公式、案卷、法條、將出刊的新聞或股票行情：總之，語言。在科學上關心求真的語言，在行政上關心規範的語言，在媒體上則是煽色腥的語言。時不時，像氣候學家或地球物理學家這樣的專家就會透過出差到現場觀察，如同記者或視察員一樣。但主要內容依然是發生在室內及語言上，再也不會在室外跟事物一起。為了更清楚地聽到彼此或方便爭辯，我們甚至把窗戶封死。你來我往，停不下來。我們只關心自己的網絡。

今日，握有權力的人們已經忘了一個也許可說正展開報復的自然，然而它毋寧是一個提醒我們注意它的自然，而這樣的我們，只生活在第一種 temps 中，從未直接生活在第二種中，卻聲稱可以中肯地談論後者並決定它。

我們已經弄丟了世界：我們將事物化為崇拜物品或商品，變成了我們策略遊戲中的籌碼；而我們帶著無宇宙主義色彩的哲學，近半個世紀以來，只談語言或政治、書寫或邏輯。

就在我們首度對整個地球以物理的方式作用，而它或許也以悲劇的方式對全體人類還以顏色的時候，我們仍然無視它。

長期與短期

我們再問，即便 temps 被化約為流逝和流動的時間，然而我們是活在怎樣的時間中呢？今日，這個回答相當一致：我們活在極短的期間中。為了挽救地球或尊重在雨和風這個意義上的 temps，我們也許應該朝向長期來思考，而為了不活在這個 temps 中，我們已經遺忘根據其不同節奏及範圍來思考的能力。由於著眼於連任，政治人物擬定

的計畫很少會跨到下次選舉；行政官員根據財政或預算年度來施政，週間的新聞則以日為單位；至於當代科學，它所參考的幾乎都是十年內的期刊文章；儘管關於古氣候的研究進行了數萬年的回顧，然而它們本身的歷史也不超過三十年。

一切就宛如這三種當代權力（透過權力一詞，我指的是那些在任何地方都不會遇到抗衡勢力的權威機構）已經抹除了長期記憶、幾千年傳統、以及由那些才剛消亡的文化（或說被這些權力所消滅的文化）所積累下來的經驗。

然而，我們現在面臨著由存在至今一個多世紀的現行文明（其本身是脫胎自那些先於它的悠久文化）所引發的問題。它對一個擁有數百萬年歷史的物理系統造成損害。過往，這個系統雖有所波動，但藉著一些迅速、隨機及跨數個世紀的變化而維持著相對的穩定。如今，矗立在我們眼前的是令人憂心忡忡的問題，而作為天氣的 temps 是當中的主要組成部分，尤其這個 temps 關聯著一個比我們思考系統所涵蓋的時間跨度還要長的期間。例如，為了讓各大洋的水混合，必須歷經一個估計為五千年的周期。

然而，我們只提出一些短期的回應和解決方案，因為我們活在馬上截止（échéances immédiates）的方式中，並且

藉此取得了我們主要的力量。行政官員務求連續性，媒體務求每日性，最後，科學是我們僅有的跟未來有關的方案。這三種權力掌控了第一個意義的 temps，以便在現在對第二個意義的 temps 進行裁定或決定。

順帶一提，在普通新聞領域中，時間被歸結為流逝的瞬間，並認為這是唯一重要的時間。另一方面，新聞普遍被化約為層出不窮的災難，並且視為唯一值得注意的新聞。對於這兩者間的平行性，我們怎能不驚訝呢？正如極短期與破壞有所關連：我們是否應該反過來理解到建構需要長時間呢？在科學中也一樣：精細的專業化，跟對於原已被專業裁切過的對象起著破壞作用的分析，二者間有什麼秘密關係呢？

然而，我們的決策工作必須放在科學和實踐的最大對象上才對，也就是地球這個星球，一個新自然。

當然，我們可以減緩已然啟動的程序，例如，通過立法來減少化石燃料的消耗，並且大範圍復育被破壞的森林……凡此都是很好的舉措。但總的來說，這都不脫下述景象：以二十五節速度航行的船，駛向一道無疑將撞個粉碎的岩礁，而駕駛艙內的值班大副提議減速十分之一但方向不變。

　　針對一個長期並且廣度最大的問題，解決方案要有效，就必須至少在範圍上旗鼓相當。那些過往活在室外和有風有雨的 temps 中的人（他們從地方經驗開始，造就出歷史悠久的文化），即農民和水手，如果說他們曾經有過發言機會的話，也早就沒有了；這樣的解決方案仍留待身為行政官員、記者和學者的我們——所有活在短期和高度專業中的我們——來提出。由於發明或普及了威力強大、有效、帶來好處或傷害的干預手段及工具，我們對全球天氣變化負有部分責任，然而因為陷在我們權力的短暫時間中、困在我們狹隘的專業部門中，而不擅長找到合理的解決方案。

　　如果說有一種物質、技術及工業的汙染，它讓在雨和風意義上的 temps 暴露在各種可以想像的風險下，那麼還有第二種汙染，它是無形的，危及流逝的和流動的 temps，它是我們加諸在長思想（pensées longues）上的文化汙染，而這類思想是地球、人類和事物本身的守護者。如果我們不對抗第二種汙染，那麼我們對第一種汙染的戰鬥也必敗。今日誰能懷疑所謂的下層建築（infrastructure）的文化性質呢？

　　我們要如何以短期手段來取得長期事業的成功呢？為

此，我們必須對我們的短暫性背後的三種權力在今日所導入的文化進行大刀闊斧的修正。我們是否失去了關於大洪水發生前的那個時代的記憶，當時一位族長（我們也許正是其後代）不得不建造方舟——整個時空的簡化模型——來因應冰消現象所引起的海侵？

為了紀念那些永遠不再發聲的人，讓我們把發言機會賦予一些活在長期中的人：仍然在亞里士多德思想中學習的哲學家，以及不認為羅馬法過時的法學家。在描繪新政治家的肖像前，我們先聽聽他們的聲音。

科學哲學家

問題：然而是誰給了如今成為共同客觀敵人的世界這些我們希望還有機會挽回的損害，這傾瀉到海洋中的石油，這蒸發到空氣中數以百萬噸計的碳氧化物，這些隨著雨水重新落下的酸性有毒物質等等，那些讓我們的子孫氣喘窒息並在我們的皮膚上佈滿斑塊的廢棄物正來自於此？誰超過了個人，無論他們來自私領域或公領域？誰超過了龐大無比的大都會，無論它們意味的是單純的數量還是路徑的結構（ simple nombre ou simplexe de voies ）？是我們的工具、

我們的武器、我們的效率，以及最後我們所自豪的理性：我們的控制和我們的佔有。

控制和佔有，這是當我們西方理性開始征服宇宙，在科學與技術時代之始，笛卡爾提出的關鍵字。我們主宰它，我們佔有它：這是潛在於生產事業及所謂的無私科學中並為二者所共通的哲學；在這方面，二者無法區分。笛卡爾的控制將科學的客觀暴力改正為妥善規約的策略。我們與物件的基本關係可以歸結為戰爭和財產。

戰爭，再一次

迄今為止，世界所蒙受的損失相當於一場世界戰爭所可能帶來的破壞。我們和平時期的經濟關係以持續而緩慢的方式達到了一場短暫而全面的衝突所產生的相同結果，猶如自從軍人用了跟研究或產業中一樣高知識含量的工具來打仗或備戰，戰爭也不再只是軍人的事。由於某種臨界效應，我們在手段上的擴大使得所有的結局都相等。

我們這些所謂的已開發國家不再對打，我們一起轉向對抗世界。這是一場名符其實的世界戰爭，並且其意義還是雙重的，因為是在人的意義上說的全世界（tout le monde）[29] 破壞在事物的意義上說的世界。因此，我們將尋求和平的締結。

不只主宰，同時也佔有：我們與世界事物之間所維繫的另一種基本關係可以概括在財產權上。笛卡爾的關鍵詞歸結為將財產權（無論是個人的或集體的）應用在科學知識及技術干預上。

乾淨與骯髒

然而，我頻繁地注意到，許多人模仿動物在自己的巢穴中撒尿來保有它的作法，他們也藉著在自己的物品上抹糞，來做記號及弄髒它，以便繼續佔有，或者以相同方式將其他人的東西據為己有。財產權的這種糞便或排泄物源頭在我看來是所謂汙染的一個文化源頭，汙染遠非意外，出於非自願行為，而是揭示了深層意圖和一種基本動機。

待會兒，讓我們一同共進午餐：當一起吃的沙拉端上桌時，我們當中的一人朝它吐了口水，他立刻將之據為己有，因為沒有人想再吃。他會汙染這個範圍，而我們會認

29　法語 le monde 指世界，tout le monde 指所有人、任何人，此處參酌作者對 monde 一詞的關聯，譯為「全世界」。

為他很髒。沒有人願意再踏進被佔有者以這種方式摧殘的地方。如此，世界的汙穢上烙了人類或其主宰者的標誌，即他們奪取它、佔有它的骯髒印記。

　　一個生物物種——也就是我們——成功將所有其他物種排除在我們如今以全球為範圍的棲位之外：它們如何能夠在我們滿蓋垃圾的地方覓食或棲息？如果這個被玷汙的世界面臨某種危險，那是因為我們對事物的排他性佔有所致。

　　因此，請忘卻在這些領域中常用的環境一詞。它假定我們人類位居一個繞著我們轉的事物系統的中心，也就是宇宙中心，而人類是自然的主人及佔有者。這讓人想起一個過往年代，被置於世界中心的地球（我們如何能想像它代表我們？）反映著我們的自戀，這種人本主義把我們抬升到事物的中央位置或它們卓越的完成狀態。不，在沒有我們那些不可思議祖先的情況下，地球存在；今日，在沒有我們的情況下，它也能存在；明天或甚至更晚，在沒有我們任何後代的情況下，地球依然會存在；然而，沒有它，我們無法存在。所以，我們必須把事物置於中心，把我們放在它們的周圍，或者更好，它們無所不在，而我們在它們的內部，就像寄生者一樣。

　　觀點的轉變是如何發生的？憑藉人類的威力，並且為了人類的榮耀。

反轉

　　但是，由於不斷控制地球，我們成為它主人的程度時多時少，乃至於它反過來威脅要再次控制我們。通過它、與它一起並且在它上面（par elle, avec elle et en elle），我們共享著一段相同而暫時的命運。更甚於我們佔有它，它將會像舊的必然性依然存在、從而使我們受制於自然限制的過往一樣地佔有我們，只是方式有別。過往侷限在地方，如今在全球範圍上。

　　為什麼今後我們應該努力控制好我們的控制呢？因為不受規約、超出目標、衍生反效果的純粹控制會反過來對抗自己。原有的寄生者因對宿主加諸的過度行為而面臨死亡的危險，而宿主一旦死亡，將再也無法供養或收容它們。如此，原有的寄生者必然要成為共生者。當流行病結束時，微生物也消失了，因為它們沒有可供增殖的載體。

　　新的自然不僅本質上是全球的，而且它也以全球的方式對我們的地方行動加以反應。

因此，我們必須改弦更張，脫離笛卡爾哲學設定的航向。由於這些交錯的相互作用，控制只會維持極短的時間並轉為受制狀態；財產也一樣，只是短暫的支配，或者以毀滅告終。

這是歷史的分岔（bifurcation）：走向死亡或共生（symbiose）。

然而，這項曾經為農業及海洋文化所熟知並實踐的哲學結論（儘管侷限在地方及有限的時間範圍內），如果沒被納入法律中，一切仍將是一場空。

法學家

法學家與三部無世界法 [30]。

社會契約

現代的自然法哲學家有時將我們的源頭上溯到某種社會契約。為了進入集體，我們至少是以虛擬的方式在我們之間簽署了它。這個集體也讓我們成為現在的我們。這份

30　無世界法（droits sans monde），指遺忘或無視世界的法律概念。塞荷在本節原標題中提到三個無世界法，但在本節內容中他只提到社會契約及自然法，後接人權宣言一節。人權宣言應為他所說的第三個無世界法，中譯本將之納入本節中。

怪異地對世界隻字未提的契約，據他們說，讓我們脫離了自然狀態，以便形成社會。從這份公約開始，整件事情就變得好像簽署它的群體只根植在自己的歷史中，儘管這個群體是從世界啟航的。

這如同農村人口向城市外流的描述——一種地方的及歷史的描述。它明白意味著從彼時起我們便忘記了所謂的自然。此後，自然是遙遠、沉默、無生命及偏僻的，距離城市或群體、我們的文本和公眾性無限遙遠。公眾性指公眾的本質，它在此後成為人的本質。

自然法

同一批哲學家稱自然法為一套外於任何表述的規則；因為普遍存在，它源於人類本性；作為人為法 [31] 的源頭，它依循著理性，因為所有人都受理性支配。

自然被化約為人類本性，而人類本性又被化約為歷史或理性。世界消失了。藉著此一取消，現代自然法有別於古典自然法。給自足的人留下的是他們的歷史和他們的理性。奇怪的是，後者在司法領域裡獲得的地位與它在科學

31　人為法（lois positives）或譯實證法，指在社會生活中有其效力的所有法律，與自然法相對。

領域中獲得的地位極為相似：它擁有所有權利，因為它奠立了法律。

人權宣言

在法國，我們慶祝了大革命兩百週年，同時也慶祝《人權宣言》兩百週年。它的文本明確指出其源於自然法。

如同社會契約，《人權宣言》忽略世界，隻字未提。我們不再認識它，因為我們已經戰勝了它。誰尊重受害者呢？然而，這份宣言是以人類本性之名揭櫫的，支持受屈辱的人，可憐的人，被排除在外、活在室外、身家性命遭受風吹雨打的人，其流動的生命時間屈從於天氣的人，未享有任何權利的人，在所有可想像的戰爭中失敗的人，一無所有的人。

人類理性被科學及跟財產權相關的各種技術所壟斷，它在一場自史前以來一直持續並在工業革命期間急劇加速的戰鬥中征服了外部自然，而這場工業革命與我們慶祝其兩百周年的大革命大約屬於同一時期，一個是技術的，另一個是政治的。再一次，我們必須針對沒有法律涵蓋的存在寫下其法律，為被征服者作主。

我們思考法律以法律主體為起點，而這個法律主體的

概念也逐步擴展。在過去，並非每個人都可以取得此一地
位：《人權和公民權利宣言》讓所有人都有機會獲得。如
此一來，社會契約就此完成，然而它同時也自我封閉，將
世界這個包含眾多事物的龐大集合排除在外，事物淪為以
被動方式受到佔有的物件。人類理性為大，外在自然為小。
知識與行動的主體享有所有權利，而他的客體則一無所有。
它們尚未享有任何法律尊嚴。因此，從那時起，科學就擁
有所有權利。

　　這就是為什麼我們必然會讓世界的事物走向毀滅。從
認識論角度，被控制、被佔有，而在法律的認可上居於次
要。然而，它們以女主人的身分接待我們，如果沒有它們，
我們明天將不得不死去。對物種的延續、其可靠並廣泛的
永生，我們純社會性的契約變得很致命。

　　什麼是自然？首先，自然是人類本性所面臨各種條件
的集合（l'ensemble des conditions de la nature humaine elle-
même），是所有攸關它再生或滅絕的全球限制，是為它提
供住所、溫暖和食物的接待所；再者，當它濫用了這些，
自然就從它那兒將之取走。自然限定（conditionner）了人
類本性，而人類本性現在也反過來限定自然。自然表現得
如同主體一樣。

使用和濫用：寄生者

　　無論是在其生命本身中或是透過實踐，寄生者常搞不清楚使用跟濫用的差別；它行使自己賦予的權利，同時傷害其宿主，有時對自身並無益處；它可能會摧毀宿主，卻對此一無所知。在它眼裡，有價值的既不是使用也不是交換，因為它將事物佔為己有，我們可以說，在使用或交換之前，它先竊取了它們：它纏著它們不放，它吞噬它們。寄生者總是濫用。

　　或許，並且反過來，我們基本上可將法律定義為對寄生行為最起碼的及集體的限制；寄生行為實際上皆循著一個單箭頭進行，流通僅發生在一個方向上，無反方向，並且皆落在寄生者獨享的利益中。循著這個單一方向，寄生者拿走一切，卻毫無回饋；與此相較，司法創造了雙箭頭，一來一回兩個方向，努力藉由交換或契約來平衡流通；至少在原則上，它譴責片面圖利的契約、無回餽的饋贈，以及最後，任何的濫用。法律的公平從其基礎開始就與寄生者相抵觸：它將某種整體得失的均衡跟任何濫用下的失衡對立起來。

　　如果不是這個雙箭頭，如果不就是這種在權力關係中的平衡或是建立這種平衡的持續努力，司法會是什麼呢？

　　因此，有必要對現代自然法進行一次大刀闊斧的修改，這套自然法預設了一項未表述出來的命題，據此，人——無論是以個體還是群體的方式——得以獨自成為法律的主體。此處，寄生狀態再現[32]。《人權宣言》的優點在於說「每個人」，而缺點在於思想上「只有男人」（seuls les hommes）或只有人（les hommes seuls）。最終，我們依然沒有達成任何將世界納入考慮的平衡。

　　事物本身是法律的主體，不再是簡單、被動的佔有對象（甚至是集體的佔有）。法律試圖限制人與人之間濫用的寄生狀態，但並未對事物採取相同作法。如果物件本身成為法律的主體，那麼所有的天平都將達到均衡。

均衡

　　存在著一種或多種自然均衡，由力學、熱力學、有機體生理學、生態學或系統理論加以描述；同樣地，不同文

32　此處的「獨自」一詞特別是針對只有人、沒有世界這一點說的，因此不脫以單向性為特性的寄生狀態（le parasitisme）。

化也構想出一種或多種跟人或社會有關的均衡，它們由宗教、法律或政治所決定、組織及保持。我們所缺的是思考、建構及落實一種在這兩個集團間的新的全球均衡。

因為在自身內部進行補償並自我封閉的社會系統，以它們新取得的份量、它們的關係、世界物件及活動，施加在同樣也在其自身內部進行補償的自然系統上，情況就像在必然性贏過理性手段的過往年代中，自然系統對社會系統所帶來的風險一樣。

彼時，既盲目又暗啞的自然宿命疏忽了去跟我們受其壓迫的祖先訂立明確的契約：今日，藉著一種現代並雙向的濫用，替我們對這種過去的濫用報了一箭之仇。現在，我們需要做的是，在天平的這兩端之間，思考出一種新的平衡——微妙的平衡。據我所知，思考（penser）這個動詞跟補償（compenser）一詞相距不遠，並且除了公正的斟酌（juste pesée），應該別無其他的源頭。這便是今天我們名為思想（pensée）的東西。這是給最具全球性的系統的最普遍權利。

自然契約

從此，人回到世界中，世俗回到世界中，群體回到物理中，有點類似古典自然法的時代，但又有很大的差異，所有這些差異都關連著近期從地方到全球的過渡、以及我們今後跟世界維繫的新關係。這個世界曾是我們的主人，不久前成了我們的奴隸，然而，無論如何它都是宿主，現在是我們的共生者。

所以，回到自然！這意味著：在純社會性的契約上，多簽署一份共生和互惠的自然契約。在自然契約中，我們與事物的關係將一改控制和佔有，轉向讚美的聆聽，以及互惠、沉思及尊重；知識不再預設財產權，行動不再預設控制，無論是知識或行動也都不再預設結果或抹糞的前提。這是一份在客觀戰爭中的停戰契約，一份共生契約：共生者承認宿主的權利，而寄生者──也就是我們目前的狀態──則將它掠奪及寄居的宿主判死，卻沒意識到它最終也會判處自己消失。

寄生者取了一切卻什麼也不給；宿主給了一切卻什麼也不取。控制及財產導向的法律只是寄生狀態罷了。相反地，共生導向的法律是由互惠所界定的：自然給人多少，人便必須給予成為法律主體的自然多少。

　　當昔日的農夫透過其照料，將他對土地——他的勞動
從中獲取果實——的虧欠回饋為美麗，比方說，對於我們
從中獲取知識的科學客體，我們要回饋什麼？我們要拿什
麼來回饋世界呢？回饋方案上應該列出什麼？

　　上個世紀，我們追隨兩個革命的理想，二者皆以平等
為訴求：人民拿回政治權利，將之歸還自己，因為是從他
們手中偷走的；同樣地，無產階級重新在物質上及社會上
享受其勞動果實：這兩個革命皆在純社會性的契約上尋求
均衡與公平。在這之前，社會契約或不公正，或獨厚一方，
並且不斷復歸於此。當我們身上的動物性是如此不懈地重
建等級制度，上述的追求便永無完成之日；正當我們繼續
這方面追求的同時，另一項追求也浮上檯面，將刻劃我們
即將到來的歷史，如同前面的追求在上個世紀留下印記一
樣：同樣是對均衡和正義的追求，但上演在新的夥伴之間：
整個群體與世界本身。

　　我們不再如往常般地對世界平和的面貌及內裡在科學
上認識、在工業上加工及改造。集體死亡的威脅正眼睜睜
地盯著此一全球契約的改變。

現代自然法之當道似乎與科學、技術及工業革命同步，伴隨著對世界的控制與佔有。我們曾經想像能夠單單在人類之間活著及思考，與此同時，臣服的事物則沉睡著，在我們的掌控下受到輾壓：在一個否認無生物及其他生物的無宇宙論（acosmisme）中，人類歷史滿足於其自身。我們可以將一切做成歷史，將一切化約成歷史。

奴隸從不會長久沉睡。當事物以強烈的方式提醒我們時，這段期間便隨即告終。不負責任只限幼年。

世界的事物用什麼語言說話，好讓我們可以透過契約與之和平共處？儘管舊的社會契約也停留在未說或未寫的狀態下：沒有人讀過它的原文或甚至副本。當然，我們不知道世界所用的語言，或者說我們只知道泛靈論（animiste）、宗教或數學的不同版本。當物理學被提出時，哲學家會說，自然隱藏在數的編碼（le code des nombres）或代數語言下：編碼一詞來自法律[33]。

事實上，地球透過力量、連繫及相互作用的語彙跟我們交談，這足以讓契約簽成。因此，依法，共生關係中每一方的生命都有賴於另一方，否則便有死亡之虞。

如果我們不創造出一種新的政治人，一切只是空談。

33　法語編碼（code）一詞也指法典、法規。

政治家

　　在談論政治家時，柏拉圖有時會引用船的例子，以及船員對領航員（le pilote）的服從，領航員也就是熟練的治理者，但他從未說過——可能是因為他根本就不清楚——這個模型有什麼特殊之處。

　　就撤退（le trait）這一點而言，一般陸上生活跟海上天堂或地獄之間並不一致：在船上，社會存在未曾停止，無人可以如同往昔的步兵阿基里斯那般撤退到自己私人的帳篷底下。在船上，沒有可以搭起帳篷之處，全體只能待在護欄所劃下的嚴格範圍內：繩索之外，就是落水。為了一些我們鄙視的理由，這種全社會狀態（tout-social）讓柏拉圖心嚮往之。它促使水手們謹守禮貌法則，而禮貌的內涵得從最政治的角度來理解。當空間提供了一些剩餘（restes），才會有據點，才會有在此存有。

　　遠古以來，水手們（或許也唯有他們）明白並且實踐主觀戰爭到客觀暴力的距離及結果，因為他們知道，如果他們彼此對抗，那麼在戰勝內部對手之前，他們的船注定要沉。在他們這裡，社會契約直接來自自然。

在一切私人生活都不可能的情況下，他們生活在情緒隨時可能爆發的危險中。因此，單單一條不成文的法則在船上主宰一切，這種約束水手、被奉為神聖的禮貌，這份互不侵犯的契約，這份水手間的公約。在海洋持續的威脅下，水手人人自危，而大海也靠著它無生命卻威力強大的力量監看著他們的和平。

與所有其他的人類群體所賴以組織或甚至藉以開始的社會公約截然不同，這種在海上的禮貌社會公約實際上等同我所說的自然契約。為什麼？因為在此，集體一旦分崩離析，將毫無退路或求援可能，讓它岌岌可危的棲位走向毀滅。這是一個額外（supplément）被剝奪的棲地。額外，例如帳篷所提供的避難所，這個私人小堡壘，當這位輕步兵阿基里斯與其他步兵發生衝突而陷入惱怒時的棲身之處。而無論是輕步兵或步兵，這兩個字眼也讓我們明白他們都不懂水。由於沒有可供撤退的剩餘，船的例子讓我們看到全球模型：在此存有——是在地的——表示生活在土地上的人。

從我們文化的初始，《伊利亞特》與《奧德賽》就有如陸上行為與海上風俗而成對比：前者只考慮人，後者則與世界打交道。這是何以具有英雄詩歌或史詩性質的第一

首詩中的士兵們到了第二首詩中變成了同伴。這第二首詩可以名符其實地稱為地理學的文本及地圖，其中，宛若當時已為人所熟知的地球書寫著其自身，也在其中，我們看到，出於恐懼或尊重，就在這頭社會巨獸隆隆作響的憤怒與大海的 noise（噪音和憤怒）之間，這份自然契約已在無聲中簽署。這是充耳不聞的尤利西斯和呼喊的海妖間的協議，船首與海浪的公約，迎戰海風者的和平。但<u>世界的事物</u>說的是什麼語言？是元素之聲（la voix des éléments），經由在迷魂海峽中唱歌的這些怪女人的喉嚨傳出。

在政治或經濟上，憑藉科學，我們知道如何定義力量；但如何思考脆弱呢？透過缺乏額外這一點。相反地，部隊有後備軍力可用；它還可以在別處防守，從其他戰線進攻，撤退到預備好的位置（如同阿基里斯在其帳篷裡），可以吃備糧，而一個塞滿又僵硬的整體可能會因為嚴峻或剛硬而粉碎，就像面對洶湧波濤而前行的船首。這是為什麼具備不同場所及避難所的模糊集（ensembles flous）會有抵抗力。

沒有什麼比一個全球系統變成單一系統更脆弱的了。依循單一法則，意味著猝死。個體越多，個體生存得越好：社會也是如此，甚至存在基本上也是如此。

　　現在，可以用兩次「世界的」來稱呼的當代社會形成了：它佔據整個地球，通過其盤根錯節的關係，形成一個整體，沒有任何剩餘、退路或求援可能，以便在此搭建他的帳篷，以及處於某個外部。另一方面，它知道如何建構及使用一些在空間、時間或能量等向度上達到世界現象層次的技術手段。因此，我們的集體力量觸及了我們全球棲地的極限。我們開始跟地球相似。

　　如此跟世界勢均力敵，我們在實然上已經連結起來的群體跟世界相鄰的方式，就如同船首的欄杆將既堅實又晃動的甲板跟波動起伏的遼闊海洋分開來一樣（因為二者相鄰）。所有的人都航行在世界上，如同方舟在水上航行一樣，在人與事物這兩端之外沒有任何保留（réserve）。因此，我們現在已經上船了！史上首度，未曾航行過的柏拉圖和帕斯卡兩人同時都對，因為如今我們被迫服從船上的法則並且從社會契約過渡到自然契約上。長期以來，這樣的社會契約在一個寬廣自由的環境中保護著不斷變動的文化次集團，這個環境也具備能夠吸收一切損害的種種保留。然而，隨著群體統一起來並變得密實，它也觸及了客觀力量的極限，自然契約便成為必然的結果。

　　在此，我們的武器和技術以全球為範圍，影響著整個

世界，它們施加在世界上的傷害也反過來影響所有人。今後，政治以這三個相連的整體為對象。

掌舵

　　領航員掌舵（gouverner）。遵循航路的意圖，考量長浪的方向及強度，他左右傾斜著舵柄。意志作用在大船上，大船作用在障礙上，障礙作用在意志上，形成一系列彎曲的相互作用（interactions courbées）。計畫居首，然後也居末，它先作為原因，然後作為結果，接著再次作為原因，它以實時的方式，根據不斷改變它的條件進行調適，但最後仍執拗地維持不變。在事物力量帶來的傾斜作用中，計畫決定了一種微妙而細膩、有所區別的左右傾斜操作，以便最終在所有限制下開出一條航路。

　　過往，控制論（cybernétique）被稱作透過迴路（boucles）來掌舵的技藝（採共生的意義）：一些迴路先由這些角度所產生，接著輪到這些迴路產生航路的其他角度[34]。這是海上領航員這門行業特別的技術，其近來進展

34　在字源上，控制論（cybernétique）可回溯到古希臘文 *kubernêtikê*，指掌舵術（art de gouverner）。此處的迴路可理解為控制論所說的系統在運作上的輸出、輸入的反饋循環。塞荷此處所說的內容或可理解如下：操舵的「這些角度」透過跟大海的相互作用產生出反饋，領航員再根據反饋來調整航路角度。

到一些跟艤裝（armement maritime）這種高超操控一樣具
智能性的技術上，並且從這種精密性再擴展到更為一般的
系統上，並且如果沒有這樣的循環，這些系統無法整體維
持及改變。但這整套方法對於在政治上統治（gouverner）
人的藝術而言，仍然只停留於隱喻程度。掌舵的領航員真
能教會統治者什麼嗎？

　　如今，他們的差異正在消失 [35]。今日，所有人的活動，
透過立即或延遲的反饋迴路，將損害給予（donner）世界，
這些損害又成為所有人工作的給定（données）。我刻意在
同一個具有交換涵義的詞上做變化：我們收到來自世界的
贈與（dons），而我們使世界蒙受一些損害，它在新給定
的形式下將這些損害送回給我們。

　　這是捲土重來的控制論。史上第一次，人類的世界或
世俗的世界以整體的方式面對世界的世界，對整個系統而
言，沒有空隙、剩餘或求援可能，宛如在一艘船上。在相
同的 gouverner 技藝上 [36]，執政者和掌舵的領航員二者同一。

　　領航員以實時的方式──此時此地──針對一個局部
情況採取行動，盤算從中獲得一個全球的結果；統治者亦

35　指領航員與統治者之間的差異，詳後。
36　法語 gouverner 一詞兼有統治與掌舵的意思。

然，技術人員及學者也是如此。後者將一些局部模型結合起來，形成一個整體來模擬地球。當他想像某種介入，他毫不遲疑地使用領航這個動詞。

　　沉浸在純社會性的契約中，政治人直到這個上午仍在副署及重複這份契約、讓它受到遵守，他僅僅是公共關係和社會科學的專家；能言善道，甚至是演說家，他受到嚴格的培養，了解腎臟、心臟以及團體動力學，許多是行政官員，媒體人物（這相當必要），基本上是法學家，本身既是法律的產物，他也制訂法律：無需成為物理學家。

　　他的發言沒有一次談到世界，而是沒完沒了地談到人。再一次，只談公眾性，正如這樣的詞在造詞規則上的要求，它被定義為公眾的本質：因此，就這樣更勝於其他任何人，政治家的一言一行無法不沉湎在公眾性上。甚且，晚近的歷史及傳統告訴他，自然法表達的無非就是人類本性。封閉在社會群體中，他可以堂而皇之地忽略世界的事物。

　　一切甫變。今後，我們會認為政治家一詞不準確，因為他只管城邦、公眾空間、團體的行政組織。這位住在城市裡的人，以前被稱作城鎮居民（bourgeois）的人，對世

界一無所知。今後，統治者必須走出人的科學，走出城邦
街道及城牆，成為一名物理學家，走出社會契約，創造一
種新的自然契約，同時將自然作為條件的本義還給它，正
是這些條件下我們誕生，或者應該是在這些條件下我們明
日重生。

　　相反地，物理學家，在古希臘最古老的意義上，也是
今日最現代的意義上，接近政治家。

　　柏拉圖在一個段落中寫到統治之道，讓人印象深刻。
他說國王將理性的緯紗跟承載著比較不理性的激情的經紗
編織起來。如今，新的君王將必須將法律的緯紗交織在物
理科學的經紗上：政治的藝術將循著這種編織而行。

　　過去，我稱西北航道為這兩種科學交匯之處，不過當
時並不清楚這麼做的時候我已經界定出今日的政治科學，
亦即從真實地球的這個意義上說的地緣政治學，或說物理
政治學（physiopolitique），這意味的是群體所建立的制度
今後要立足在它們與自然世界簽訂的明確契約上，自然世
界不再是我們的財產（無論是私有的還是共有的），而是
我們的共生者。

歷史,再一次

　　因此,就如同我們曾帶著神話色彩所設想的,社會契約標誌著社會的開始。由於這些或那些的必要性,某些人某一日決定共同生活,因此他們結合在一起;從彼時起,我們再也無法離開彼此。這份契約何時、如何及為何被簽署(或未被簽署),我們不清楚,並且可能永遠都不會清楚。然而,這無關宏旨。

　　自從這個傳說年代以來,我們簽訂了許許多多法律類型的契約。我們無法確定它們是否建立在第一個契約模式上,或者相反,我們是在法律規範下的慣用契約模式上想像了最初契約這樣的虛構。再一次,這無關緊要。

　　不過,這些法律在過去及現在都可以起著劃定客體(délimiter des objets)的作用,而這些客體又可以由它們歸給一些同樣也是由它們所界定的主體。

　　我們想像,社會契約單純簡單地將赤裸裸的個體結合在一起,另一方面,法律則因為處理案由並承認事物的存在,所以能將事物帶入,作為社會的組成部分,因此,藉由沉甸甸的客體來讓朝三暮四的主體及其易變的關係更穩重,進而穩定社會。沒有事物就沒有人類集體;人與人的

關係透過事物而維繫，我們跟事物關係的維繫則透過人：
這就是法律所描繪的稍微穩定一些的空間。我有時會想像
法律的第一個物件是繩索，亦即連繫，既是那種在義務、
聯盟的字眼下僅以抽象的方式將我們連結起來的連繫，也
是在綑綁的字眼下以更具體的方式將我們連結起來的連
繫，例如細繩使我們的關係物質化或將我們的關係變成事
物；如果我們的關係起起伏伏，這種固態化讓它們固定下
來。

在這些契約的模式上，一個新的群體在我們如今知曉
的幾個日期結合起來，以便更好地穩定這些客體。科學真
理的契約綜合了一種關於常態相互監督及關於合宜言行的
實時同意並且完全介於主體之間的社會契約，與一種實際
上是司法性質的契約——其涉及某些客體的界定、權能的
劃分、實驗程序、以及關於屬性的分析歸屬（attribution
analytique de propriétés）。於是，事物逐漸離開我們關係的
網絡，取得一定的獨立性；真理要求我們談論事物時就宛
如我們不存在一樣。一門科學從誕生之日起，就將團體與
世界、同意與同意所涉及的客體（l'objet de l'accord）密不
可分地結合在一起。

訂有契約這一點使這三種結合類型彼此相似，這包括

涉及集體全面的結合方式的社會契約；透過各種法律而分散在各種次級群體上的結合方式；在科學上，結合方式則同時是局部的和整體的。然而，如果我們從跟客體關係的角度來看，則這三種結合類型便會有所區別。世界完全缺席於第一種，一如在社會科學中的情況，不過如今它開始慢慢滲透到群體的決策中：透過已然變成案由的事物，然後透過事物本身的因果關係。當然，世界只是一點一滴地進入這些群體中。認為群體存在於全球世界中的哲學何其少？

今後，我說到自然契約，首先說的是一種承認：每個群體都承認（確切地說是物理學之後的承認）它與所有其他群體一樣皆存在及活動於同一個全球世界中；不單單是每一個透過社會契約結合起來的政治群體，還包括每一個透過法律契約結合起來的群體（無論是軍事的、商業的、宗教的、產業的……），以及透過科學契約結合起來的專家群體。我稱這種自然契約是物理學之後的，因為它超越了各種局部專業——尤其是物理學 [37]——的一般界限。它

---

37 這裡將塞荷提到 métaphysique 一詞譯為「物理學之後的」而非採一般譯法「形而上學」的考量如下：文中所說的「承認」跟哲學無關，而是指涉一種越過了物理學之後的認定，認定人的一切皆存在於世界中，是科學與法律交集的產物。這也是何以塞荷最後說到「以某種方式讓學術契約進入歷史」的緣故，學術自詡為客觀的，獨立於人的，但實際上也無法脫離一定程度上契約的色彩。

與社會契約一樣是全面的，並以某種方式讓社會契約進入
世界；它與學術契約一樣是世界的，並以某種方式讓學術
契約進入歷史。

　　與前兩者一樣是虛擬與未被簽署的（因為重大的基本
契約似乎仍然是心照不宣的），自然契約承認我們當前力
量與世界的力量之間的相稱。正如社會契約承認其協議簽
署者間的某種相等，正如各種法律契約尋求平衡各方利益，
正如學術契約要求自己將它以資訊的方式收到的內容以理
性的方式歸還（rendre en raison）[38]，同樣地，自然契約首
先承認我們全球干預力量與世界全球性之間的新相等。穩
定我們關係的事物或科學所度量的事物仍然是局部的、被
切割的、受限的；被法律和物理學所界定的。事物如今長
大到地球的尺度。

　　最後，關切真理的學術契約還算不糟地在某種程度上
將我們放在客體的角度上看事情，正如其他的契約也透過
義務上的連繫在某種程度上將我們放在其他協議夥伴的角
度上看事情。自然契約則讓我們從其整體上來考慮世界。

　　任何契約皆會創造出一組連繫，其網絡欽定了關係；

---

[38]　此處塞荷將知識活動理解為「收到資訊，還以道理」（rendre en raison）的過程，因
　　　此也具有某種對等交換性質，另見本書「科學、法律」單元「理由律」一節。

今日，自然是由一組關係所界定的，其網絡將整個地球連為一體；自然契約將後者跟前者在一個網絡中連結起來。

宗教人

我們不斷失去關於神職人員在黑暗隱蔽的小空間中沉湎其中的怪異舉措之記憶，在那兒，他們獨處，為神像穿衣、裝飾它、清洗它、抬高它或搬出它，為它備餐，不停跟它說話，日日夜夜，黎明黃昏，當太陽或黑暗登頂之際，皆是如此。難道他們害怕，在這種持續不斷、無有盡頭的照料中，只要一次停頓就會開啟可怕後果？

患上失憶症（amnésiques），我們以為他們崇拜著用石頭或木料雕刻的神明；不：他們將說話能力賦予了事物本身，無論它是一塊大理石還是青銅，賦予它人體的外形並具有發聲能力。因此，他們慶祝跟世界的公約。

同樣地，我們也忘了，為了什麼理由，本篤會修士會在天明前起床，好在上午的第一時辰、第三時辰、第六時辰詠唱晨經（matines）和頌讚經（laudes），或在夜裡將休息時間延後，只為了在晚禱中再次吟唱。我們不記得這些必要的祈禱或不間斷的儀式，然而，就在距離我們不遠處，

特拉普會修士（trappistes）、加爾默羅會修女（carmélites）
仍然不停唱著聖詩。

　　他們不跟隨時間，他們支撐（soutenir）它。他們的
肩頭和他們的聲音，從經文到祈禱，在脆弱綿延（la fragile
durée）的整個過程中，每分鐘都承載著這些分鐘，沒有他
們，綿延會斷。而誰反過來說服我們相信時間的線或布上
沒有間隙？潘尼樂普（Pénélope）日以繼夜不離織錦機 [39]。
如此，宗教重溫、紡線、打結、集中、收集、連結、連接、
抄錄、閱讀或歌詠時間的元素。宗教（religion）一詞說的
正是這個過程、這個回顧或這個延續，其反面就叫疏忽
（négligence），其不斷失去關於這些怪異言行之記憶。

　　博學的人說，宗教一詞可能有兩個出處或來源。據其
一，它藉由一個拉丁文動詞指的是：連接。它將我們彼此
連接起來，它確保了這個世界跟另一個的連繫？據其二，
接近前者，儘管不確定，但可能性更高，但它的意思是集
中、收集、抄錄、瀏覽或重讀。

　　但他們卻從不說，為了否定宗教人（le religieux），語
言將哪個崇高的詞擺在其對立面：疏忽。毫無宗教的人不

39　奧德賽在漂流期間，妻子潘尼樂普面對眾多求婚者提出條件，待織完公公壽衣之日
　　就會改嫁，於是她白天織布，晚上偷偷將布拆開，如此一拖三年。

應該自稱無神論者或異教徒，而是疏忽的人（négligent）。

疏忽的概念讓我們的時代得到理解。

在埃及、希臘或巴勒斯坦的廟裡，在我看來，祖先們支撐時間，宛如擔心可能出現的間隙。而此時此刻的我們則擔心發生在天空保護層中的災難，其擔保的不再是流動的 temps，而是作為天氣的 temps。過往的他們連接、集中、收集、抄錄，如同修道士那樣，一天到晚沒歇過。而如果一段人類歷史或一個人類傳統之所以能倖存，單純是因為一些致力於最長可能期限的人不斷縫合著時間呢？

一般說來，現代性疏忽。它不知道、不能夠也不想要對無論是時間或空間的全球進行思考或採取行動。

由於純社會性的契約，我們已經失去了與世界連結起來的連繫，那個將流逝和流動的 temps 與作為天氣的 temps 連接起來的連繫，那個將社會科學與宇宙科學、歷史與地理、法律與自然、政治學與物理學關聯起來的連繫，那個讓我們跟沉默、被動、幽暗的事物說話的連繫，並且由於我們過度的行徑，這些事物再度發聲、現身、活躍起來並發出光芒。我們不能再疏忽它。

在等待第二次洪水的不安中，我們可以實踐一種全力投入的世界宗教（religion du monde）嗎？

　　據說，一些生物由於其龐大體型而從地表上消失了。最大的事物卻最脆弱，這一點依然讓我們感到訝異：例如整個地球，大都會帶上的人類或無處不在的存在（Être-partout），以及最後，上帝。哲學長期以來滿足於這些如此脆弱的宏偉巨構的消亡，今日則在提供安全感的小細節中尋求庇護。

　　今後，哪些全力投入的肩膀將支撐這片遼闊而破碎並且我們擔心它會在漫長歷史中第二度崩塌在我們頭上的天空？

愛

　　沒有愛，就沒有連繫或聯盟。這裡總算出現了雙重的雙法則（les deux fois deux lois）。

　　彼此相愛，這是我們的第一道法則。兩千多年來，沒有其他法則知曉或能夠讓我們避開地上的地獄，那怕是罕少的時刻。這項契約義務（obligation contractuelle）分成一種要我們愛鄰人的地方法則（loi locale）和一種要我們如果不相信上帝的話至少也要愛人類的全球法則（loi globale）。

　　不可能將這兩句訓言分開，否則仇恨便會滋生。愛鄰人或同類只會走向幫夥、教派、黑幫和種族主義；一邊說愛眾人，一邊剝削鄰人，這就是道德說教者常見的偽善。

　　這第一道法則對山川湖泊不置一詞，因為它只跟人談人，宛若世界不存在。

　　因此，這裡出現了第二道法則，它要我們愛世界。這項契約義務一樣也分成兩項法則：將我們跟祖先安息之地緊密連在一起的舊地方法則，以及據我所知還沒有任何立法者曾經制訂過的新全球法則，它要我們給予物理的地球普遍的愛。

　　不可能將這兩句訓言分開，否則仇恨滋生。一邊愛整個地球，一邊卻破壞周遭景觀，這是時常出現在那些將愛世界法則侷限於人、侷限於他們所使用及掌握的語言上的道德家身上的偽善；由於對隸屬性的迷戀，只愛自己的土地會導致無法平息的戰爭。

　　過往，我們偶爾懂得愛鄰人，多半懂得愛土地，並且我們曾經艱難地學習愛人類（在過去，它如此抽象，然而我們現在開始更頻繁地面對它），如今我們必須學習並在周遭教導對世界之愛——或說對今後我們可以對之給予整

個凝視的地球之愛。

　　愛我們兩位父親，包括自然的父親與人類的父親，亦
即土地與鄰人；愛人類，亦即我們的人類母親，以及愛我
們自然的母親——地球。

　　不可能將這些雙重的雙法則分開，否則仇恨就會滋
生。為了捍衛土地，我們曾經攻擊、仇恨和殺害了如此眾
多的人，以至於有些人認為是這些殺戮拉著歷史向前。反
過來，為了捍衛或攻擊其他人，我們不自覺地蹂躪了景觀
並準備毀滅整個地球。因此，這兩項契約義務——社會的
與自然的——具有相同的連帶（solidarité），其既將人跟世
界連結起來，也將世界跟人連結起來。

　　因此，這兩道法則只是一道，它跟正義——同時是自
然的與人類的——混融在一起。這兩個法則也一同要求每
個人從地方走向全球。這是一條艱難且路況不佳的道路，
但我們必須開闢它。永遠別忘自己出發之地，但也要放下
它，加入到普遍之中。愛那個將你的土地跟地球連在一起
的連繫，愛那個讓鄰人和陌生人不分彼此的連繫。

　　因此，願與形式為友的人、地球的子女、堅守土地的
人及論法的人平安，願分離的兄弟、探究語言的觀念論者

和探究事物的實在論者平安，願他們彼此相愛[40]。

　　沒有實在，除了愛，沒有法則，除了愛。

40　此處，塞荷列舉到幾種不同屬性的人，跟他散見本書的諸多見解有所呼應：其中，
　　與形式為友的人是幾何學家、學者，可見於下一單元的討論中；堅守土地的人是農
　　人，他們生活在鄉村，承受室外的風吹雨打，依然維持著跟世界的連繫；論法的人
　　則是城市人，他們活在屋內，專務人間事務，將自然隔絕在城牆外；探究語言的觀
　　念論者也是將自己侷限在語言、觀念上的人；探究事物的實在論者則是觸及自然的
　　人。

科學與法律

源頭

埃及

　　地球上最早的法律在此誕生。固定的時候一到，尼羅河的洪水淹沒沖積河谷中耕地的分界，這些田地也因河水而肥沃：水一旦退去，稱作拉繩員（harpédonaptes）的王室官員，也就是測量員或土地丈量員，再一次度量被泥沙和河泥弄得面目全非的土地，好重新分配或確定歸屬。生活重新開始。每個人回到自己的角落幹活。

　　洪水將世界帶回無序狀態，回到源頭的混亂，回到時間零點（le temps zéro），確切地說，是回到自然——也就是如果人們想說「事物將誕生」（les choses vont naître）時，該詞所取的意義；正確的測量重新整理自然，並讓它在culture 中重生，至少是從該詞農業的意義上說的。如果幾何學在此誕生（如同講述這段興起歷史的希羅多德[41]所暗示的），它具有開始的能力（pouvoir de commencement），因為這涉及的毋寧是關於源頭的幾何學，而不是關於幾何學的源頭。

---

[41]　希羅多德（Hérodote），大約出生於西元前 484 年，卒於 425 年，古希臘時代的歷史學家和地理學家，《歷史》（*Histoires*）一書作者，西塞羅稱之為「歷史學之父」。

在另一個脈絡中，聖經〈創世記〉寫道，上帝從最初的水中分出了土地，並且限定其範圍。同樣地，在歷史之初，我們看到的是氾濫所致的混沌，以及隨後的劃分：界定、測量與集體興起的條件一起從混沌中出現：前文的「從」（à partir de）意味著開始，也意味著分配（répartition）[42]，這是我想要進一步論證的。

事實上，關於界標和邊界的決定顯得是源頭性的；沒有這個決定，就沒有跟沙漠隔開的綠洲，沒有農民投身其中的林間空地，沒有祭司的動作所隔開來的神聖或世俗空間，沒有將一塊地產圈起來的界定，因此沒有人們能夠以之為基礎取得各方同意的精確語言，也沒有邏輯；最終，連幾何學也沒有了。

但是，更上游的問題是，誰做了這個決定（décision），該詞也表現出切割——亦即邊緣（bord）的創造？

界線的確定結束了鄰人之間的糾紛；此即財產權，也就是精確圈定一塊土地並決定其歸屬的權利，這觸及民法及私法（le droit civil et privé）。此外，透過界標所達成的同一套劃定方式也可以讓王室的地籍機關將每個人固定在位置上，確立稅收及雜捐的基礎：這則關乎公法及財政法。

42　分配（répartition）為名詞，衍生自古義上的 partir，指分、分攤。

　　儘管在希羅多德的《歷史》中並未明確提及，各種法律在
這段起源歷史敘述中比比皆是。這些法律獨自做出決定並
對田地加以切割，無論是誰來執行（法老王派來的人、還
是帶著神秘色彩的拉繩員），事實上都在讓這些田地恢復
原狀。誰來決定？立法者或任何宣佈法律並使之落實的人。

　　因此，這個人率先完成了一項創舉，從中誕生了幾何
學。幾何學後來在那些從事證明工作的人群中發展出一項
新的同意，他們認為正確（la justesse）比正義（la justice）
還更重要。不過，在這一點上，正義將正確跟自身等同起
來，因而它便比正確更為基本。事實上，早在針對切割的
精準性或證明之必然性在學術上達成共識之前，某種法律
契約已先行確立了，預先讓所有人士已然達成一致。

　　然而，再次地，當洪水抹去了田地的界線和界標，財
產也隨之消失：回到已然面目全非的土地上，拉繩員對財
產展開重新分配，因此也讓被抹去的法律重生。法律與幾
何學在同一個時間重新出現；或者毋寧說，兩者都跟著界
線、邊緣和界定之概念一起誕生，都跟分析思維一起誕生。
關於精確形狀的界定包含了它的 propriétés[43]。對於幾何學
而言，就是正方形或菱形的屬性；對於法律而言，這種界

43　法語 propriété 一詞既指屬性，也指財產，正好對應著此處科學與法律關係的討論。

定意味著所有者（le propriétaire）：分析思維根植在同一個詞和同一個操作上，從中產生了法律和科學兩個分支。

拉繩員或測量員拉著、握著、綁著墨線：他神秘的頭銜分解為兩個詞，名詞部分指繩索，動詞部分說他將繩索固定起來。在開始時，便有了這條繩子。例如，在寺廟中劃定世俗與神聖分界的那條繩子。契約一詞所提到的那條繩子 [44]。

第一位執繩圈地並讓其鄰居對共同圍牆感到滿意的祭師是分析思維的真正奠立者，並且也藉此成為法律和幾何學的奠立者。透過契約（為了長期所簽訂）所具有的穩固性，透過繪圖所具有的準確性及嚴謹性，並且也透過後者的精確與前者的穩定兩方面的呼應，公約變得更妥善，因為其條款更精細，涵義更明確，所有的份額也切割得更精確。這些要求既適用於法學家所界定的契約，也適用於作為科學誕生基礎的契約。這說明了 attributs [45] 與 propriétés 這樣的語彙何以具有雙重用法。

希臘的幾何學可以追溯到埃及的瑪亞特（*Maat*）。該詞意味著真理、法律、道德、測量和份額、從無序的混

44　法語契約（contrat）一詞出自拉丁文 *contraho*，其中 *trahō* 指拉、拖、牽引。

45　法語 attribut 指屬性、性質，出自拉丁文 *attributum*，指「被歸屬的東西」。

雜中產生的秩序、正確和正義間的平衡、平面圖的平順筆直。如果是任何一位埃及編年史家而非希羅多德寫下這段歷史，人們就會得出法律誕生的結論，正如希臘人將秩序出現的過程導向了科學，埃及人則將相同的過程導向了訴訟的形式。

　　法律先於科學，也許還孕育了科學；或者，毋寧說：一個抽象、神聖的共同源頭將它們聚在一起。在這個源頭之前，人們能想像到的只有洪水，初次發生或反覆發生的大洪水，也就是說這種混雜了<u>世界的事物</u>、案由、形式、歸屬關係並且讓主體困窘不安的混亂（chaos）。

　　這看起來就像我們所面臨的問題的現狀。

　　因此，某個社會契約出現了（對此我們永遠無法清楚知道？），從中誕生了政治及法律。社會契約這個概念或事件也許帶有神祕色彩並且不脫抽象性，然而它對於理解將我們彼此連繫起來的義務如何誕生這一點既基礎且必要（契約的繩子先於義務的繩子），如果我們不樂見把義務說成從原罪或我們自己的本性中誕生的話。據說，這契約建構了所有的傳統社會，包括我們生活其中的社會。

　　第二個契約奠定了一個全新的社會。這個社會應該誕

生在西元前五世紀的希臘或者更早在尼羅河谷。由於準確度量及後來提供證明的需要，它將幾個我們無法真正界定其身分的人（祭司、官吏、法學家？）結合起來。所有的科學都源於它，如同社會是從前一個契約中誕生的。

　　當問題僅僅關乎數學，這第二種契約便跟第一個沒有太大區別，因為這僅僅涉及某種同意，而在其下一項共同決定可以讓這決定本身的內容實現，也就是以述行的方式（performativement）[46] 實現。只要我們一起同意這個是我的、那個是你的，事情便隨即如此。在數學中，契約走得稍遠一點；我們必須就一個陳述的或一個圖形的屬性達成一致，如果前者單單取決於我們的決定，後者則如同一個獨立於我們的客體：因此，蘇格拉底針對其對話者的每個用詞、任何事情皆提出讓人感到厭煩的詢問；事實上，他要他們對這份契約做出無限定的簽署，而該契約也支撐著柏拉圖的對話直至其最細微處。

　　這個矢志學術與古代哲學的團體誕生在這些無限簽署的基礎上，無之，任何論辯皆不可能發生。然而，另一方面，這個團體要誕生，只能跟傳統社會唱反調，好像新

46　述行語（performatif）指話語說出時，其內容也同時成立。例如，有人說「我保證」，他說話的同時他的保證也成立了。

契約沒有用上跟舊契約相同的條款。約束著我們的關聯（liaison）可以凌駕在我們之上，正如幾何圖形及其屬性也凌駕我們一樣。這麼一來，正如我們將會看到的，幾乎所有學術公約的簽署者都會出現在舊契約所設立的法庭上，還聲稱後者對新的決定沒有任何權限。存在著不受述行語管轄的另一個世界，例如數學的世界。

歸謬法是第一個稱得上可以得出結論的證明方式。它展開的方式類似於矛盾訴訟（procès contradictoire），在判決之前，某件事情同時間既屬於某個集合又屬於其補集：必須加以排解。指涉這種原理式證明的形容詞「悖證的」（apagogique）同樣也來自一個法律動詞：逮捕罪犯、繳納罰款……[47]。但是在這裡，我們沒見到做出決定的權威機構；數字將其法則強加給我們。

這是為什麼相較於數學，物理學的發展遲緩得多：在事實上要達成一致，比起在陳述上或在至少我們已有所建構的圖形上要難多了；要就事實跟陳述之間的一致性達成共識則還會更加困難。

於是，契約將導入第三個權威機構：世界。實際上，

47　悖證（apagogie）一詞可追溯到古希臘語 *Ἀπαγωγή*，指帶走，其中 *ἀπό* 指分離、分開，*ἄγειν* 指導引、帶領等。

物理學已經包含了自然契約的概念。

希臘

　　據說，在埃及金字塔前，面向太陽，泰利斯（Thalès）發明了著名的比例相等定理：巨大的胡夫金字塔相對其影子，就如同較小的卡夫拉金字塔或孟卡拉金字塔相對它們的影子，還有我渺小身軀及這根插在此處的小木棍一樣也相對它們投射出的黑影。高大陵墓有著巨大的長影，小木樁有著細小的痕跡，確實沒錯，然而沙上印記與事物本身大小的關係對任何東西、任何人而言都固定不變，正如同一個天平藉著變化臂長來平衡重量有別的兩個砝碼。

　　這是分配正義（la justice distributive）最古老的、前亞里士多德的定義。按照每個人的身高和能力分配；差異歸零：這是對任何大小而言的穩定形式；每個人都按其度量喝足，不管他們杯子大小如何：每個人是什麼就有什麼。優於對各類田地的古老度量方法，這種絕對度量窮盡並包括所有相對性，或說替所有變化發現了一種不變。

　　泰利斯是否將埃及的度量及正義——瑪亞特——幾何化了？蘇格拉底便斥責高爾吉亞（Gorgias）：你想贏過其他人，因為你不懂幾何！事實上，比例平等（égalité proportionnelle）的科學清楚證明，在同樣的陽光下，我們呈現出位似變換（homothétiques）於我們身高的影子[48]。是怎樣就怎樣，世界將相似性刻劃在自身上，如同一種自然正義（justice naturelle）。於是，如何能夠聲稱自己的優越性呢？

這個在太陽下透過線條及圖形兀自刻劃在沙上並且藉由證明讓所有人不得不同意的東西，可能很快就被當成自然法，其前所未有，未見於一切人類檔案中，也不曾在書吏的蘆葦筆下被寫過，然而卻自動在日晷的指針下——如同在金字塔下——被投影出來，不分晝夜，時刻皆然。什麼是自然法？幾何學：它從天上掉下！從一開始，正義問題便與科學問題同步前行。

代數

在十五世紀最後十年裡，所有同時代的人皆認為弗朗索瓦・韋達（François Viète）是新代數的創始人。這種代數與中世紀常見的演算法或計算實踐有所不同。作為一位國家高官和一位研究希臘數學各家的嚴謹專家，他將之命

---

[48] 位似變換（homothétique）是數學術語，簡單說就是均勻放大或縮小物體的線性變換。

名為 *Spécieuse*（源自拉丁語 *Species*），我們譯為「類型」
（Type）。

　　繼其他人之後，英格蘭代數學家和分析學家約翰·沃
利斯（John Wallis）在十七世紀末出版的《代數論》（*Traité
d'algèbre*）中提到，本身也是法學家的韋達所說的 *Spécieuse*
來自羅馬法學家和民法家（civilistes）在寫提丟斯或蓋屋斯、
讓或皮耶的習慣，例如某某人， A 或 B 或 C，以便指稱一
樁特殊案件（cas d'espèce）的主體，並且更容易地描述他。

　　因此，羅馬法使用一個特殊名字來提出一個具有某種
一般性的情況；同樣地，代數使用字母來代替數目，其價
值不像算術中的數字那樣特定，而是可在預定和明確的範
圍內變化。這是一種在常見意義下的類型，或是一種在一
般法律意義下的案例（espèce）：具有獨特性但可認識，既
形式又具體的個體，像索引一樣可操控，未知程度多過於
已知程度，法庭上提到的罪行具體案件中，提丟斯要求被
個別化。這是一種抽象方式，有別於幾何學家所用的普遍
的抽象方式。

　　從方程式到得出解答的過程，模仿了從條文到判決、
從司法權（juridiction）到判例的過程。*Spécieuse* 類似於一
種決疑程序（casuistique），指對於諸特定案件提出一般描

述。到最後，在訴訟案的總結中，X 等於 45，就像梯緹雅等於安妮一樣。

在早先的討論中，我們看到法律先行於幾何學的情況，現在它又出現在代數的源頭處。在科學中，這種先行的情況（précession）不會終止嗎？會擴及整個知識嗎？

聖經

在開始時，上帝宣佈了法律，在二海間擘劃了花園，讓最初的人在各樹種間遊歷，不同物種也相繼出現，並且最後規定了他的行為：你可以吃這個，你不可以吃那個。

然而，亞當不聽從；而對他的懲罰是裸露、關於自己的不幸意識、逐出、流浪、勞動、疼痛、分娩疼痛，並將持續世世代代、直到我們。我們的歷史及其淚水可以藉由一樁古老的訴訟來加以解釋：原罪之前，存在著法律和一位立法者；從而有了判決及隨之而來的一切。

這跟吃有關？確實，但並非如同我們餓了吃這樣的情況，因為在極為豐饒的天堂中，一切供應充足；而是如同我們品嚐，不只是飽足而已。在需求之外，在身體和感官得到舒緩後，欲望誕生了。如果你吃了這水果，你將擁有知識，它闡明了惡的問題，並且你將如同上帝。這跟比較

和科學有關。

知識可以從單單一個詞上獲得說明，並且它的最終基礎及來源也能夠一併說明清楚：知識來自模仿。你將如同上帝一樣知道，你將如同上帝一樣。知識確實總與某種模範相較（此處涉及的是崇高而絕對的模範），但它尤其是唯在擬態（mimétisme）不滅之火的推動下才能開始，才能以動態及貪得無厭的方式展開——從幼童的教育開始，直至老人的榮耀或淒涼。然而，擬態同時將我們推向善與惡，如同——根據伊索寓言——我們的舌頭一樣[49]：沒人能學習而不模仿，然而由於無止盡的模仿，嫉妒之心油然升起，帶來毀滅。如此，善與惡的知識等同於知識本身，而知識源於想要如同上帝一樣存在及作為的欲望；這種神聖的欲望不可抑遏地導致惡。在這幕遠古的場景中，針對我們強調效力及競爭的知識所提出的倫理及法律質問已經欲振乏力。模仿，因此宰制；取勝，因此毀滅。

法律和科學開始對立起來：法律的命令和知識的欲望。

當魔鬼和上帝已然明白地、甚至引人注目地透過女人和男人——兩人如同善與惡之名本身——而分庭抗禮，善

49　可能指伊索「舌頭宴」的一段軼事，據此，世界上最好的東西是舌頭，最壞的也是舌頭。

與惡的知識怎麼還會源自知識樹的果實呢？還有什麼需要再學的呢？

在兩道海岸間的花園裡，置身於賜予的水果和溫馴的獸類間，感官欲（*libido sentiendi*）充當知識欲（*libido sciendi*）與宰制欲（*libido dominandi*）二者間永恆衝突的佈景或背景、源頭及也許藉口。感官欲可說是關於愛和歡愉的夢想，是幸福的、平凡的、靜悄悄的與受鄙視的；知識欲亦即對知識的渴望，相較於前者更為強大，乃至於全人類永遠都會毫不猶豫地放棄一切天堂似的感官滿足（儘管這是身體能夠享有的舒緩），以便滿足其好奇心；宰制欲是對於宰制持續不斷的意志，在三者中最具破壞力，是世所公認的歷史主宰。將感官置之度外，好讓腦袋和宰制恣意鬥爭。

如果原始場景中的三個角色僅僅代表這三種欲望呢？上帝代表權勢，男性代表科學，而女性代表愉悅？支開女性，好讓前兩者恣意打鬥，就像眾多公羊佯裝渴望同一隻母山羊，以便痛快滿足真正的激情一樣——陰暗而單調的宰制。

別吃這顆知識樹上的果實。立法的主宰對知識渴求者的感覺行為做了規定。而魔鬼，略過味蕾的饗宴，撇開知

識的狂喜，馬上推促著人去追求宰制：你將如同上帝一樣。像祂一樣，你將組織及立法。模仿快速略過了知識欲與學習，很快便以宰制欲為目標，燃起了對權勢與榮耀的雄心：感官欲望——女性的欲望——與此無涉，為這些拙劣的模仿請求原諒：凡此皆是荷爾蒙無瑕的作用下身體的慫恿所致。在一個純潔又已然扯謊的標榜中，第一次訴訟讓權勢的意志與知識的意志——法律與科學——既對立又關連。

全能的主——上帝——賜予並宣佈了法律。這法律如此具有述行性，以至於一旦說出，便創造或造就了它所說的內容。令有！（*Fiat !*）[50] 從這個命令中，世界誕生了。儘管順從、弱小、因欲望而顫抖不已，然而女性和男性一起，透過擬態，尋求知識，並且為此將他們的和平、寧靜、富足、純真和後代置於危險當中。這是極端、荒誕的瘋狂，才會拿確定的東西來賭可能性不高的東西，拿一切來換個希望。這種虛幻的荒唐，我說它是預言性的，因為它預示了整個未來歷史。這是在神聖與凡俗的歷史上引發先知與國王相對抗的諸多交會中的第一次。

在開始時，知識質疑法律並與之起衝突。儘管法律

50　*fiat* 是拉丁文動詞 *fio* 的第三人稱虛擬式現在時變化，法語譯為 qu'il soit fait，就是「讓…被實現」的意思，在此譯為「令有」。

獲勝，知識被視為有錯或有罪，然而知識卻促成了歷史的晃蕩（l'errance de l'histoire）或時間的偏移（la dérive du temps）。科學之開始孕育了普遍歷史。

知識是什麼，科學是什麼？是對法律及其穩定平衡的所有偏離（écarts），是帶來一切演變的歪斜的不安（obliques inquiétudes）。我思考，我權衡，我偏離法律，我沒有這樣的權利。

這至少講述了希伯來－基督教文化的獨特興起，對其而言，知識攫取了質疑法律的權利。知識如此激烈地質疑法律，以至於殺了它。上帝之死等同於立法者之死。

我們當代的問題顛倒了原來的情況？我們質疑知識之權利會贏來什麼法律？

我們的根

蓋約（Gaïus）提到所有義務都源自契約或過失[51]。如果我們從第一個詞中讀出一個將人們聚集起來或使他們服從的連繫，那麼我們也會毫不遲疑地在第二個詞的源頭處

51　蓋約（Gaïus），西元二世紀的羅馬法學家，《法學階梯》（*Institutes*）作者，該書包含四卷，分別涵蓋人、財產、義務和法律訴訟等主題，他在第三卷中寫道：「義務從根本上分為兩種：事實上，每項義務都源於契約或犯罪。」

看到一條相似的繩子，將我們拉或拖在一起。因此，社會契約的理論只是以同義反覆的方式重申集體關聯的必要性：從一個連繫到另一個。此外，蓋約還論證了它與原罪理論的等同性。

羅馬法使這初始過失世俗化（laïciser）。再一次，形上學或表面的說法等同於神話：無論你們是在分析自然狀態，還是講述第一座花園的美妙，不同的只是表達方式而非內涵。義務隱含著過失或契約，是此或彼無關緊要。

因此，在這裡，如同常有的情況，敘事等同於哲學。

我們至少透過四條長長的根抓住文化土壤——過去這土壤曾與自然土地交融著：對科學語言的使用讓我們回想起定義該語言的古希臘人流傳至今依然活力十足的思想；隱約感覺到我們跟在一段歷史後面亦步亦趨，這讓我們恢復了關於以色列先知作家的回憶，正是他們早早將我們拉到這段歷史中；我們還忘記了我們的羅馬出生，也幾乎從一開始就失去了我們遙遠埃及起源的任何痕跡。

我們一邊深埋在過往中，深及腰，深埋在原始中，有時甚至及於眼，另一邊我們又自由無拘地翱翔在大氣層上方。若干傳統流暢在我們腿上那些藍的、蒼白的血液及神

經網絡中，它們多重交織，錯綜複雜，在腦中引導著我們，帶我們走向交雜說著閃米特語及印歐語的口。

古埃及和古羅馬皆是國祚既長且穩的龐大帝國。遠眺之，它們是整部西方歷史中最綿延不輟的帝國，無可比擬，宛若屹立不搖的永恆石像，乃至於自它們以降，任何國家都試圖效尤之。它們是且依然是法律存在。十二表法（*XII Tables*）曾撐起羅馬帝國，埃及帝國則有賴於瑪亞特。光是打勝仗還不夠，管理是必須的：最公正的取代了最強大的。純粹的法律是羅馬的發明，它將神話與思辨皆化入其特有抽象中。

我們以為自己忘卻了一種依然圍繞在我們身邊的組織，因為我們往往忘記不變的東西，而只有改變所帶來的表面動盪才會喚醒我們並翻攪我們的回憶。我們大多數的參照皆藏身黑暗中。埃及和羅馬生產出的知識很少。當它們接收了知識，也並未促成後續發展。此即幽暗的由來。在此，法律勝過科學。這就是何以相對於幾何與代數，法律具有先行性，而其優先地位在不久前才被撤銷。

作為知識存在，雅典和耶路撒冷是小城邦，沒有條件成為帝國，並且常處於分裂或混亂的狀態下。此外，相較於待在牆內，它們更加走出自身之外。而在依循法律約束

的同時（對耶路撒冷而言，特別是道德及宗教的法律），它們在歷史中也屢屢對法律提出質疑。

　　普羅米修斯（Prométhée）——其名意味著最早的學習——是我們知識的源頭或知識考古學，他被繩索拴在高加索山的一塊岩石上，不斷喘息。而就像祂被定了罪，身為師中之師的蘇格拉底在其景仰者面前飲下毒藥。為了提倡他自己的法則，整個知識都投入訴訟：此處是反對眾神之王宙斯，彼處是反對城邦的執政官或法官。

　　作為首先被一分為二的人，亞當創造了歷史，並與夏娃一起踏入其中，冒著失去樂園的風險追求知識，質疑上帝宣告的第一條神聖法律。我說他預示了先知和國王的交會，這是一樁永恆的訴訟，是歷史進程的動力，耶穌基督的訴訟將接續及刷新這一傳統，讓這個傳統分岔而行。如此的王國不屬於與法律世界等同起來的這個世界。

　　所有這些案件所涉及的，並非隨便一個司法上的行動，而是能夠撼動司法的根本訴訟。人們必須在法律和知識之間選擇：因為知識與「什麼是正義？」的質問同時開始。當在埃及或羅馬，只有司法才有權提出問題，耶路撒冷和雅典所提出的第一個問題則是「什麼是正義？」。羅馬和埃及都放棄提出這個問題，也都沒有真正產生知識。

相反地，藉著提出這個問題，雅典和耶路撒冷放棄了地上的王國。科學戰勝了法律。因此，希臘的智者希羅多德或泰利斯有必要前往埃及，而基督教的法學家韋達則需要擺脫羅馬法 [52]。

當代辯論將科學與法律——或說理性的理性（la raison rationnelle）與審慎的裁判（le jugement prudent）——這兩個權威來源對立起來，時而激烈。實際上，這樣的辯論打從我們歷史之始就驅動著我們的肉身及言辭；我們知識史就是一路沿著這樁訴訟所啟動的時間而展開。這場訴訟成了初始的源頭，永恆的動力，至今依然威力不減。

訴訟通史

力學和化學的兩位奠基者——伽利略和拉瓦錫（Lavoisier）——分別被教會法庭和大革命法庭傳喚，因而在歷史的審判中取得名聲，彼時的司法也因此蒙羞。然而，地球確實在轉動！（Et pourtant la Terre tourne !）所有人都聽到知識真理在面對荒謬時最終所發出的巨響。共和國不需要學者！以前，法律勝過科學；如今，科學勝過法律。

52　因為在科學與法律二者間，這兩種文明都各偏其中一邊。

今日，誰還懷疑這道在光明和各種黑暗之間的清楚分界呢？但是，誰又料到在接受如此明確的判決下，一個新法庭的陪審團就位了，並且有別於一般所認為的，它遠非站在被告者或受害者這一邊進行捍衛（儘管該判決跟舊法庭的判決相反）？制憲議員和主教們在過往譴責學者，現在則輪到我們來譴責革命份子和教會人士：這在形式上有什麼不同嗎？因此，無論是真實的或虛擬的，某種法庭依然屹立不搖，訴訟仍在上演；真理難道不能沒有裁判嗎？

過往，法律對科學做出宣判；但根據什麼知識？如今，科學決定法律。又基於什麼法律？

因此，伽利略和拉瓦錫不能也不該被視為例外，因為在歷史上判決及訴訟的情況比比皆是。從科學知識發展伊始（很難確定何時），最早的辯證學家、天文學家或物理學家就出現在希臘城邦的法庭上，或屈服於一些首領的權威下，其堪比那些壓迫現代學者的君王：他們有的付出慘痛代價，有的無法倖免於難。

科學在這類的訴訟上邁開步伐，通過法庭之門踏入歷史。這沒什麼好驚訝的；在法庭上，科學已經完成了各科學的內部歷史與它們的外部歷史間的整合：內部歷史要求一種關於真理的裁判，來決定阿那克薩哥拉（Anaxagore）

或伽利略或李森科（Lyssenko）的對錯，即便是伽利略或阿那克薩戈拉也會尋求這方面的確認；外部歷史則使他們進入學派或壓力團體中，或在其中受到培育，並要求他們的真理得到社會的欽定。個人或組織被傳喚到這樣的法庭前，脆弱的真理在此得到鞏固，因為裁示出的決定將之推入正式化的時間中。總之，沒有司法的登錄就沒有科學通史。無訴訟便無科學；無裁判就無真理，無論是知識內部還是外部的裁判。科學歷史不能沒有法庭。

科學沒離開過法庭。米榭勒（Michelet）[53] 沒看錯，在巫術方面的訴訟遠非單單關於某些黑暗時代荒謬殘酷的見證，它們以層出不窮的方式表現出來的是知識與法律之間一種無可避免、根本且不得不常態化的交會：一邊是在問題弄清楚前始終模糊不清、宛如置身暗夜的知識，能夠在城市中公開宣揚前始終隱身於森林中的知識；另一邊是在知識將之打入無知黑暗前總看似清晰而分明的法律。是的，整個自然科學無論是女巫還是女巫學徒，它都對社會事務毫無責任感，並且曾經在某個期間內或至今依然沉迷於巫魔夜會中。它在草地上挖了一些圓孔，在臭氧層上開了洞，

53　朱爾・米榭勒（Jules Michelet, 1798-1874），法國十九世紀最重要的歷史學家之一，著作等身，其中對於法國史、大革命史的書寫尤為著名。

讓世界曝露在巨大危險中……

在這方面，米榭勒先於柏格森（Bergson）而柏格森又先於當代人描繪了社會的內部與外部，亦即世俗的世界與另一個世界——例如世界的世界。然而，只有這位浪漫主義歷史學家意識到法庭作為交會或登錄之處的重要性，亦即兩者間的通道、窗口、半導體。只有一件訴訟，針對一位女巫，只有一件訴訟及一位學者，並且透過此一示範性的訴訟，我們的知識史及它的許多分岔而行的情況持續不斷地受到確立。

一連串的訴訟

芝諾

埃利亞的芝諾[54] 讓同時代的希臘哲學家為難，儘管這些人都絕頂聰明；他也讓古典時代的數學分析家、當代的邏輯學家為難，儘管一些新的方法為這些後輩提供了比他更好的起點：如此，從數學發軔之始，在至少二千五百年間，讓最具抽象能力的人去思考誰比芝諾這位二分法（la

---

54　埃利亞的芝諾（Zénon d'Élée），生於西元前 490 年左右，卒於 430 年前後，是一位前蘇格拉底時期的希臘哲學家，著名悖論的提出者。

dichotomie）的發明者更聰明呢？他將一段路程劃分為兩個部分，然後將未完成的部分繼續二分並不斷重複，乃至於旅行者永遠無法抵達其目的地，乃至於思想者也開始構思被人們名為抽象化的東西。

據說他被稱為雙面舌（Amphotéroglosse），這個綽號的意思是指控他有著喋喋不休並如同蝰蛇般分叉的舌頭，能夠同時說出贊成與反對、是與否、黑與白、真與假，並且看起來都像是真的，也都一樣嚴謹。事實上，他發明了辯證法，亦即在對話中辯贏或藉由質問使對手啞口無言的訴訟術（art procédurier）。這種方法或許被蘇格拉底和那些透過他人失敗來界定真理的人所借鑒。這也是在司法辯論中所必須採取的行為，甚且命定地將他帶向法庭。

第歐根尼・拉爾修（Diogène Laërce）[55] 提到赫拉克利特（Héraclide）轉述過——這就是為什麼，針對這些一度佚失、又在如此支離破碎的記憶中重新出土、以至於在人們所觸及之處與所探究的目標間總是有所中介的敘事，儘管我提到先後有過的評論，卻不知這些評論之真偽——芝諾因為密謀反對一位僭主而遭到逮捕，這位君主的名字根

55　第歐根尼・拉爾修（Diogène Laërce），西元三世紀初的作家、詩人、思想編纂家，《哲人言行錄》的編纂者。

據不同來源說法不一。當一切都顯示遺忘勝利在望，這些證言究竟如何傳到我們這兒的，實在矛盾！總之，這位司法辯論中最可怕武器的創造者受到審判。

「告訴我同謀的名字」，國王下令。「你的衛兵」，芝諾回答，「你的朋友」，「所有跟宮廷往來密切的人」。這是雙面舌的殘酷策略，他的詭計離間了這位大權在握者跟他認為愛戴他的那些人。這個謊言也解放了城邦，因為暴政立即處決了其擁護者和親信，使其自身脆弱不堪，瀕臨垮台的邊緣。此乃這位哲學家從訴訟形式中發明出來的科學對於創造、主宰及組織訴訟形式的人的勝利；這是二分法的勝利，它的解剖刀可以切斷所有連繫，甚至是人的連繫，這是分析法的成功。

但突然間，芝諾宣稱有秘密要說，並且只能夠並只應該小聲地跟有資格聽的人說。無人攔阻，他走近僭主——唯一有資格的人。他的嘴緊靠僭主的耳朵：不，他沒說話，而是展開襲擊，一口咬下。緊緊咬住，像水蛭、吸血蝙蝠、壁蝨一樣，這位辯證法發明者唯有死了才會鬆開。從這裡，我們聽到法庭上充斥著國王痛苦的叫聲。蘇格拉底在辯護中給了自己虻蟲的稱號，說他會不斷叮咬同胞，直到嚥下最後一口氣。我們能想像哪個生物——例如馬、鹿或路

人——不會在驚嚇之餘壓扁這隻卑微的蟲子來擺脫它嗎？
不會把水蛭從皮膚上拔下來，殺死這隻寄生蟲嗎？

　　知識跟法律維持著一種親和關係（rapports électifs），
它真的寄生在法律上嗎？確實，知識模仿法律，以它為對
象進行擬態，對它的形式進行理論化，精煉它，最後打擊
它，直到它死亡或審判者死亡。科學在希臘發軔的整段歷
史就在講述正義和正確——或說審判的理性與證明的理
性——這對孿生卻又敵對的姊妹間這段動盪不安的共同生
命。今日，我們的問題是：它們何時及如何成為共生體？

　　邏輯是第一批學問中的一門，幾乎由晚近被稱作前
蘇格拉底哲人的各方人士所共同知曉，帶領著他們將司法
辯論形式化；邏輯、各種語言術源自法庭，源自各式各樣
的評議會，也就是說源自被穩穩帶向死亡的推理關係（le
rapport des raisonnements bien menés à la mort）。所有嚴謹
的推理（如矛盾、論證、歸謬）都源自下面所說的情形：
人們拿來檢驗或考驗它們的東西，較不是外部或自然的事
實，而是極其短視及危險的人類法律。

　　司法來自悲劇，邏輯來自司法，科學的邏各斯（le
logos scientifique）來自這三個邏各斯。古希臘人雖然早已擺
脫了水患、火災或猛獸（也就是說自然的危險），但在他

們的集會中，卻有死亡窺視著。詭辯家索取高昂代價，傳授辯證法和邏輯，來應付在辯論中自我辯護之必要，其結果有時是流放或處決。

另一個版本

　　另一個敘事則說芝諾咬下了舌頭，朝僭主的臉吐了過去。沒了可言之舌，也沒了可聞之耳：無論是口信或辯論、是修辭學或辯證法皆難以在法庭上進行，正如同阿基里斯、箭或烏龜也越不過那道將目標劃開的間隔[56]。哪種聲音干擾會阻礙口信的傳遞呢？但由於雙面舌有著分叉的舌頭，他會咬下哪一邊丟到當權者的臉上？他還剩下另一邊舌頭，可以繼續說話！

　　據說，眼見這一幕，市民群情激憤，一起向僭主丟擲石塊，結果命中目標。

　　如果說芝諾發明了辯證法，他也把辯論、訊問及訴訟的所有形式都定於一尊。然而，如果在此處他用牙咬斷舌及耳（發送和接收），因而中斷了口信的傳遞，他也同時破壞了任何訴訟、辯論、表述的可能性，因此破壞了整個契約，因此破壞了集體性的基礎。於是，司法解體，回到

56　阿基里斯、箭或烏龜皆與芝諾的悖論有關。

其前提之前，回到起源，回到犧牲，亦即悲劇。就像悲劇
作品先於所有法院及訴訟一樣，死刑則在私刑之後至。

　　上述的分析猶有遺漏：讓僭主可以喊疼的口與舌，以
及讓芝諾可以對這些喊叫冷酷無情的耳。但是就我們資料
來源所提供的文本來看，這個方向上的口信流通並不重要。
是哲學家說，而非國王；是國王聽，而非哲學家；猜猜誰
干擾誰；從中推斷誰是贏家。科學戰勝了法律。

阿那克薩哥拉的辯護

　　看他漠不關心、孤獨、只關注天上的事，「你不關心
自己的故土？」一位時人向哲學家阿那克薩哥拉問道。「你
說得沒錯」，他用手指著天回答道，「我只關心這個故土」。
換句話說：我的王國不是這個世俗的世界，而是另一個──
世界的世界。我們生活在城市的牆內、還是在群星的穹頂
下？在兩者中的哪一個？我們的住所坐落在何者中？

　　眼見一個承平時期，人們只關心城邦的科學，阿那克
薩哥拉主張自然的科學，並與前者加以區別。社會科學對
天文學提起訴訟。憑什麼？

　　且慢。在耶穌受難期間，祂也談到與這個世界不同的
另一個世界，在那兒，審判祂的法庭不再具有任何權限。

祂稱之為一個王國。然而，在有國王統治之地，就存在政治和法律，因此也存在法庭，完全跟這裡一樣，完全跟人世間一樣。事實上，在歷史終點將有最後的審判，一切都將終結於此。到了這個時候，這位受害者將返回，坐在天父的右側，改由祂審判生者與逝者。在形式上，彼世的最高法庭類似於此世審判祂的法庭。這是通常提起上訴的最高法院，這也是最後的法院，不可再上訴。另一個世界至少也遵循著某種法律。

在對新興科學所展開的審判中，我們聽到相同的上訴，但性質迥然有別。確實，如同阿那克薩哥拉，伽利略也向他的故土——轉動的地球或天空——提出上訴，但這些世界跟那些備有法院的王國絕然不同，它們更似無法律之地（lieux de non-droit），既無政治，亦無國王。陪審團的先生們，那就是自然！無有規則的疆域，無有審判的真理，無有案由的事物（chose sans cause），無有主體的客體，無有國王的法則。在歷史上，科學致力的是在這片無有契約的疆域上發明一種新的正義嗎？

此處，針對故土問題，向這位物理哲學家的質問背後所要求的東西實際上多過於人們所想的，因為這個質問不但批判他並且攻擊他致死。什麼！你對任何政治社會的投

入都不屑一顧？你不看報紙，你早晨不禱告？聽起來就像沙特或他之前或之後的道德政治家在說話。而沒有人敢向這些恐怖分子回嘴說他們不懂物理！因此，古希臘有時稱這位至死抵抗政治義務的人為哲學家，而沙特要求人們屈從於政治義務才像個哲學家：在我的父輩和其後繼者的年代，智者們不但得到並且依然佔據著公訴人的位置，以城邦宰制力量之名要求定罪。卑鄙小人！

那麼，一位公民憑什麼批評阿那克薩哥拉？憑著這種奠定城市的存在、有時被稱作社會契約的法律。如果為了觀測星斗，你對故土漠不關心，那麼你就違反了將我們結合起來的契約，因此，按理說，社會應當將你排除在外、定你的罪，起碼流放，最嚴重處死。這個結論是 rigoureuse，無論這個形容詞是取其嚴厲的意思還是嚴格的意思。

事實上，它假設社會契約適用於每個人，無一例外。如何定義普遍意志（la volonté générale）？難道不就是所有人的意志，而不是所有人減去少數人的意志（例如減去阿那克薩哥拉和學者們）嗎？如果你不關心城市事務，你便將自己自動排除在外；因為你迴避了普遍意志，你就宣判了自己的罪狀。就像契約一樣，這個訴訟可以保持在潛在

狀態下，不過要實現就可以實現，包括處死。契約是邏輯
的，沒什麼仁慈可言。

　　這個涉及群體的組成及每個人該有的關照而無例外無
空缺的完美整體意味著什麼？其至關重要，它意味著有品
德的公民的所知及他每時每刻的所為都在於以實時的方式
知道所有其他公民在做什麼並加以關照。每個人都對於每
個關照所有人所想、所說及所為之一切的人無所不知（Tout
le monde sait tout de tout le monde qui s'occupe de tout ce que
tous pensent, disent et font.）。這就是絕對知悉，或毋寧說
是絕對資訊，這就是完全投入，亦即契約的義務，或說繩
索和鏈條組成的完美系統，那些生產及閱讀新聞（無論是
寫的、說的或看的新聞）的人所追求的完整透明，就是社
會科學的理想。當黑格爾說讀報的哲學家會好好禱告，他
只有些微誤解，那就是絕對資訊才是後者禱告的對象：原
則上，沒有什麼事情能夠逃脫其掌握。這種普遍性曾經奠
定了古代城邦，表達出其理想。而那些像盧梭一樣將之說
成一種遺憾的人隱藏或忽略了為了它所需償付的巨大代
價。順帶區分一下：社會科學所提供的資訊是平凡無奇的
（banale），因為它重複了每個人關於每個人皆知的東西，
有別於自然科學那種可計算、跟稀罕性（rareté）成比例並

被稱為知識的資訊。

　　讓所有人在當下對所有人無所不知並且藉此生存，這就是夢想的城市和古代式的自由，這就是盧梭以降的現代哲學家的理想，媒體和社會科學家、警察和行政部門的理想：探查、釐清、通報、通知、展示、報告。這是可怕的噩夢，只要你曾經在小村莊或大部落中生活過，就會視之為奴役的極致，一輩子都想避開。自由始於一種我對於親近人士的活動或思想無所知的狀態（ignorance），我現在是如此，並且希望繼續如此；自由始於一種我希望這些人由於缺乏資訊而對我的活動或思想持有的相對漠不關心狀態。我們在巨大都會中的生活，就宛如失樂園一樣，讓可怕的雅典嚮往，那裡由於連續且全面的訊息讓每個人皆成彼此的奴隸。在自然的空間中，無論是天文學家、阿那克薩哥拉、還是任何其他的物理學家都可以獲得自由。

　　古代城邦沒有警察。它完全不需要，因為每個人的資訊可以實時監控所有人的行為。這名公民的品德在從普魯塔克[57]到法國大革命的整段歷史上都受到讚揚。如果他在我們周遭復活，將被視為一位舉報者或讓人無法忍受的長

57　普魯塔克（Plutarque, 約 46-125），古羅馬哲學家、傳記作家、道德家，《道德論文集》（*Moralia*）、《希臘羅馬名人傳》（*Vitae parallelae*）作者。

期線民，一個報告者（或像英語所說的 *reporter*），不停告訴所有人可從每個人身上得知的一切。如今，這種絕對又極權、起規約作用又危險的資訊在原則上屬於警察局長。因此，有別於傳統，我不再讚揚古代城市，而是去強調其壓迫，因為沒有警察，每個人都得負責監視和制裁。有警察的地方，倒是還有些自由的機會。

雅典還不清楚檢察官（accusateur）的角色和正式功能。每個公民皆可滿足這項功能，秉持著公共利益在法庭上控訴其他人。這是每個人都在每個人身邊扮演間諜和查問者（inquisiteur）角色的新證。現代思想繼承了此一傳統。事實上，半個世紀以來，多少哲學家都把持並享有檢察長、檢察官、控訴人、那種揭發濫用、犯罪、錯誤、偽善和過錯的人（就像記者一樣）的角色及地位：這是他們被視為理所當然的位置。不，我們的哲學不該被稱作懷疑哲學，而是揭發哲學。但是，它憑什麼把自己放在這個位置上？它從來不會誤會、犯錯嗎？在古代城邦中，每個人都享有這權利。

當一個器官在演化過程中出現時，它讓整個有機體卸下了部分重擔，因為該功能如今由它執行。相較於察覺不到狀似無形的親友、乃至於陌生人無處不在的眼及耳（它

們代表了虛擬契約並為之發揮作用），還是警察和監獄比
較好，因為我們可以從制服和欄杆上辨識出這些清楚可見
的專職器官。我們的自由從這種駭人理想的反面上得到
界定，自由唯有以某種無所知、資訊上的空缺為前提才能
存在。現代自由藉著讓我們從這種絕對且全面資訊的重擔
中脫身（如今這種資訊已經無用，或者被媒體和檔案所取
代），與古代的做法相反。我們絲毫沒有意識到我們的心
智有多幸運，可以擺脫這種社會束縛：因此，它們便可以
關照真正的科學！

　　這裡，再一次，並且就在現場，我們看到在相對於
所謂社會契約的情況下，科學知識的一個可能起源；我們
或許以跟古代資訊成反比的方式學會或創造出科學：我們
越少關照其他人，我們就越愛他們（不說人閒話），我們
就越認識世界；我們越不知道平凡無奇的東西，我們就越
能理解稀罕的東西。社會科學只有警察的方法及目標，只
有資訊的內容，只有過時的歷史。知識──我指的是現代
的──填補了集體平庸性所留下的位置。這是離開了舊故
土去尋找新故土的阿那克薩哥拉給我們的忠告之一。

　　現在，假設社會全認識（connaissance sociale totale）的
理想實現了（就像雅典實現了一點兒，某個時期的斯巴達

也許更多），我們立刻能理解，每位當年算是有品德公民
的人會對他們之中捨棄了前面提及的知識及活動的人感到
驚駭（這跟我們相反），因為僅僅是此一舉動及他一個人，
就足以摧毀我們所說的這種普遍性。如果有人停止對每個
人及對所有人進行全面的認識及陳述，他不僅脫離了普遍
意志，並且會摧毀它：就像移除太陽系契約中一顆星球，
這個變動會在每個點上及所有點上威脅著整體的運動及穩
定，因為唯有維持原狀，整體才能維持平衡及軌道。構想
一個完美的系統，這也將是最脆弱的系統；它需要維持其
普遍法則，在每個點上都相同的法則。為了讓它適應變化，
就必須以相反方式設計和建構，亦即帶有間隙，就像人們
說齒輪具有活動性，也就是說帶有弱點。所有的演化都是
從一些脆弱的狀態中產生的。如此，我們現代的自由契約
要求無所知：我不知道鄰居說了及做了什麼，如果我知道
什麼，我也完全不會向別人透露，除非我自以為搞社會科
學很了不起，或是名列警方的線民名單上。而且我相信，
針對我，鄰居也會以相同方式來考慮及行為。因此，相較
於盧梭那種依循古代方式設想的契約（無論明文與否），
當代契約在某種程度上反其道而行。我們建構了一種以有
限責任為特性的社會。我們的自由繫於這種限制。它一部

分來自諸多的無法律空間。經由這些空間，自然也許能夠暢行無阻。

因此，阿那克薩哥拉研究太陽和月亮、地球和整個宇宙的形成、銀河系、世界的運動，因為這位在相當古老意義上說的物理學家對自然的興趣多過對公共事務的興趣。

讓我們來看看著名的蘇格拉底審判。在《申辯篇》描繪的法庭上，安匿托士（Anytos）控訴蘇格拉底同樣熱衷於——用我們的方式來說——物理學而不是社會學；蘇格拉底否認並控訴或指出阿那克薩哥拉才幹了那樣的壞事，他說：「因此，花一塊銀幣去買他的書吧，當中你們可以讀到太陽是一塊石頭，月亮是土做的」，至於我可從沒說過任何這樣的話。蘇格拉底按其習慣將他所主導的審問取代了他本應接受的審問。這樣一來，他作為審問者的姿態從原本柏拉圖讓他扮演的受害者角色中浮現出來，並且對這位物理學家的訴訟也出現在《申辯篇》所描繪的訴訟中，有如戲中戲。即便在審判他的法庭上，蘇格拉底的永恆法庭也不會停止，比將定他罪責的法庭更無可擋；即便是在被告席上，蘇格拉底也不會停止控訴。在一場僅涉及是否違反城邦法律的普通訴訟中，蘇格拉底——這位永恆的公訴人，在街頭和公共廣場上扛著他的移動法庭，因此

深植在社會科學所要求的絕對資訊中──針對那位自外於城市及其法律的人展開前提式的、超驗的訴訟（le procès conditionnel, transcendantal）。事實上，這是如此根本的案由，以至於勢不可擋地貫穿了蘇格拉底的辯護，然而柏拉圖在《申辯篇》中卻將之視為開創性的演說。司法的虯蟲才不在乎月亮呢！

阿那克薩哥拉被控訴聲稱太陽著火了，因此毫無意外被定罪。在步出法庭時，他大喊：「然而，它在燃燒！」實際上，他把太陽比作一塊熾熱的石頭，比伯羅奔尼撒半島還大，流星從那裡裂開，大小如馬車，色棕，墜落在埃戈斯溪附近，由於他預言這一事件，因而聲名大噪：這樣的事怎能被預言呢？

一塊巨大的自然碎片落在城市中；一個美妙的物理科學客體突然落在社會科學的地盤上！落在城市中的恐怖跟落在田野中的恐怖一樣，其源頭不像人們所想的那樣是莫名其妙從天而降的異常奇跡，而是世界的環境（l'environnement mondial）呈現在只識人間棲地的人面前的東西。這就是稀罕性。這才是真正的奇跡，自然成功地穿透了嚴密的文化圍牆。石頭從天上掉到城邦裡，從物理

　　落到法律裡；阿那克薩哥拉的訴訟也落到蘇格拉底的訴訟中。人們驚惶：真正的奇跡是物體的墜落。沒有人為重力預先想過任何神。

　　社會科學旋即接手：物體不再是物體，無生命的東西不再是無生命的；重力成了神，岩石成為雕像。世界的事件（l'événement mondial）迅速歸入人間；宗教將實際上從天而來的東西帶回到人那裡。城市的圍牆重新築起。

　　這裡，文獻上說法搖擺不定，除了源頭有其不確定性之外，它們也不知道是否要把關於流星的預言歸功於哲學家阿那克薩哥拉，還是著名的國王坦塔洛斯（roi Tantale）。為何會有這種出人意料的關聯呢？

　　如同我們方才提到的訴訟以戲中戲的方式從蘇格拉底的訴訟中浮現，同樣地我們也以戲中戲的方式在阿那克薩哥拉的訴訟中看到了坦塔洛斯的訴訟。這位國王在訴訟中被判處永久刑罰：在荷馬所描繪並廣為流傳的可怕地底下，這個不幸的人口渴難耐卻喝不了水，杯子靠近他的嘴，卻始終無法觸及，同樣地，他飢餓難耐卻不能吃。坦塔洛斯的酷刑成為我們無法滿足的欲望之象徵。

　　但是在古希臘悲劇中，以及在盧克萊修的詩裡，同樣也被推入地獄的坦塔洛斯，卻等著一塊保持著脆弱平衡的

岩石隨時落在他的頭上，然而卻未落下。欲望的張力讓位給焦慮的張力，處境對稱。永恆總和了幽暗恐懼或不止欲望滋味各異的瞬間。這位無時無刻不受到周而復始欲望或恐懼折磨的人可以被當成死了嗎？當然不能，因為生命就是如此被界定的。

我們所有人都在太陽底下求生，暴露在一塊天體碎片墜落頭上的危險中，當它脫離運動中的系統，或脫離了承載著它幾乎穩定的迴旋。這墜落跟人或社會無關。什麼時候呢？預測有何用呢，因為我們確定會死，只是不確定時刻。我們死亡的時間自外於整個絕對知悉並且請求其原諒。

於是，石頭落在城市中，大地震動，我們建構起來的圍牆及確定也動搖起來；自然突然降臨在只相信工作和警察所提供保險的市民身上——讚賞這種稱 police 為保險契約書的語言所展現出的智慧或瘋狂[58]。讚賞我們高盧祖先的智慧或瘋狂，據說他們擔心天空會塌在他們頭上：事實上，這情況可能毫無徵兆地發生在今日上午；沒那麼糟的話，肯定也會發生在某個風和日麗的上午。因此，身處地獄的國王在岩石的威脅下所產生的永恆焦慮模仿著我們的焦慮——活生生而短暫的焦慮。

---

58 法語 police 一詞除了有警察的意思，也在 police d'assurance 的用法中指保險契約書。

　　問題：您認為這地獄在哪兒？據我透過我們短暫的生命或周遭那可怕而乏善可陳的歷史得知，地獄就在這裡，就在寧靜的星斗下，就在阿那克薩哥拉提到太陽時所稱的那顆熾熱石頭下，就在它們脆弱平衡造就的不安時間中。地獄被區隔開來，頗為適切地界定了自然的地方（le lieu de la nature）——被視為流亡和放逐的空間：如果威脅著坦塔洛斯腦袋的石頭掉了下來，它重新回到它自然的地方。

　　我們忽略了大氣現象，我們總是將許許多多氣候決定的事件歸因於人類的因果關係。像我一樣，我們的高盧祖先喜歡地理（如此寧靜），更甚於歷史（一團亂），喜歡孟德斯鳩而不是盧梭。提到盧梭，這可非同小可：契約一旦簽訂，除了對這位孤獨的遐想者[59]而言，自然已經不復存在；社會已經將之忽略。在政治哲學中，大氣現象基本上消失得無影無蹤，它們跟社會科學一樣都具有無宇宙論的色彩，而僅僅在若干最初的時刻，大氣現象才會在作為原始現象的意義下被提到或思考，其目的正是要更徹底地將世界除去。

　　如此，即便正處於巔峰時期的伯里克里斯（Périclès）護著他，阿那克薩哥拉仍然被判處放逐並流亡城外，因為

59　盧梭是《一個孤獨漫步者的遐想》（*Les rêveries du promeneur solitaire*）作者。

他說太陽不過是一塊可能墜落的岩石。儘管他當時早已自處於政治之外。另外一說：「坦塔洛斯成為自然哲學家，因為證明了太陽燃燒，他被判處暴露在陽光之下，受其燒灼，直至癱瘓。」各種說法在細節描繪的混亂中有時也會有出現一致的時候，它們頗為適切地說道，地獄與太陽下的世界的空間無異。因此，坦塔洛斯被逐出。

什麼是自然？對城邦或文化來說的地獄。坦塔洛斯國王被放逐的地方：確切地說是放逐的地方（le lieu de ban）；一字不漏，城市的郊區（banlieue）也包含了這些字。這種排斥表明了世界的與人間的、自然與文化這兩個空間或世界的區別預設了一項司法決定。這項司法決定絕非慣例的或常見的、從判例中得出，而是非比尋常的，由一所根本法庭（un tribunal fondamental）在一樁最初的和超越的訴訟（un originel et transcendantal procès）中作出，是一項最早的裁判（就像我們後來說最後的審判一樣），由這所位於它們分界上的法庭所宣判。

關於這個地獄，阿那克薩哥拉說道：「我們從各處並且總是以相同方式下冥界。」無論您從斯巴達還是從舊金山出發，死亡的方式都一樣。無論您從巴黎還是從比薩開始流亡，外頭都是在同一片不朽天空下的世界。二十座城

邦，一處對所有被排除者而言皆相同的外界，並且都在太陽底下；百種立法，唯一一處流亡的荒漠，而所有的郊區看來都一樣。千種文化，一個自然。百種驚嘆，一種呼吸。十萬本社會科學書籍，提供了幾百萬則的資訊，卻只有唯一的知識和一種稀罕的思想。

各式各樣的生命與單調沉悶的牢籠儘管數量繁多，然而最終都通向唯一的死亡。普遍性從何而來？來自死亡。來自驅逐。來自外界。來自石頭墜落的地獄。是的，來自熾熱的星體。來自另一個世界。來自一個沒有人的世界。

在缺席的情況下，他被判處死刑，其子女也是。另一個來源提到：「很好」，他喊道，「從出生以來，自然就把我們，他們和我，交給了它。」有上百個法庭加速其到來，然而它們卻無能將之推遲（死刑就是由這種傲慢的無能所發明的？），然而，只有一個我們所不認識的法庭，並且是唯一的一個，其在最後決定人類生命的終點。針對普遍的死亡（universelle mort），卻有這麼多不合時宜的定罪（condamnations intempestives）。

宛如他們對於共同命運毫不知情一樣，凡人習慣聚集成群，並且彼此都說死亡是他們發明的，或者彼此強加這個道理。因此，如果讓死亡自然發生，那麼它就是共同

的（commune），如果加速它的到來，那麼它就是社群的（communautaire）；它位處人為法和自然法的交會點；同樣的，郊區或流亡的荒漠、地獄、外界、星空下的空間也體現著人為判決和自然的地方的空間交會點。法庭和死亡矗立在相同的地方。

因此，誰判處我死刑？我的肉體、人的條件、生物的條件、物體落下法則（如果天空塌在我頭上）、火的法則（如果我著火了）、還是法庭的迫害？是刑法（Code pénal），還是遺傳碼（code génétique）？是自然還是我的文化？它們的對峙在一所法庭上展開，彷彿光憑司法系統，就能夠在社會規範（codes sociaux）眾多且具相對性的決定下，確認世界法則與死亡的唯一性（unicité）。阿那克薩哥拉說得對，是自然本身判處他死刑，宛如外在真的有一所法庭，因而也有一套能讓自然科學和社會科學這兩套法則皆依從的法律，並且因此法律勝過科學。

城市驅逐了阿那克薩哥拉，或因為說太陽是塊熾熱石頭而被陪審團判死。我們在流亡中活著，我們在定罪下死去；重物落下，包括從軌道上脫落的隕石；火燃燒著，其熱充盈宇宙。這就是在人為法的法庭上變成如此、獲得欽定的三項自然法則。法律勝過科學，而希臘人，儘管是數

學家，卻發明不了物理學。

在開始時，除了粗暴力量及歷史所給予的榮耀揭露（le dévoilement de gloire）之外，沒有真理，唯獨司法的真理。

法律從不下命令，很少以命令的形式說或寫；它也不指示，不用直陳式寫或說。不過，它採用述行語。這意味著真理，也就是所說或所規定與事實之間的一致性，直接來自它說或規定的舉動。述行語使說話成為一種有效的舉措，某種「令有」：在世界的開端，造物主上帝便如此說話，也就是以述行方式說話：他說話，事物便與他的話形成一致，宛若世界的創造先被當成法律來思考。因此，法律不會犯錯，它不能犯錯。沒有司法錯誤；或者毋寧說，法庭有可能在事實認定上犯錯，但它所代表的法律不會犯錯。因為述行，仲裁者（arbitre）不會有什麼閃失，他總是對的。如果錯了，他已經脫離仲裁（arbitrage）。

當盧梭說普遍意志不會犯錯的時候，社會契約的這套說法便將此一真理性的法律予以普遍化了。確然。如果契約奠定了社會，政治則奠定在法律上，因為契約就是法律的基礎文件。作為一定數量的人商妥下的集會，convention一詞以同義反覆的方式建立在它自身的另一個意義上，即

帶有契約及約定性質的協議 [60]。然而，法律是述行的因而不會犯錯；因此，普遍意志也不會出錯。盧梭成功地展示了這個古代城邦賴以為繼的矛盾事實：本身不會錯的協議也始終是真的。古代只知由協議和榮耀產生的真（我們今日可能會說是由媒體和政府產生的真）。關於真，我們認為它應該建立在別的東西上而非仲裁協議（convention arbitraire）上，然而卻相反地建立在其上。仲裁是不會錯的。這是述行性法律的基本定理，儘管有著矛盾的外表：仲裁是絕對的必要、建制的必須。選擇死亡或此定理。

我們知識的歷史以這個定理為起點，與它周旋、與它爭鬥並承認它，憎恨它卻又離不開它。科學、知識甚至思想是什麼？就是真理所有其他的基礎與此一根本的仲裁行為互相對峙的全部，乃至於任何確定性都必須呈現在一個法庭前面，以便獲得確認及肯定，以便獲得欽定。

這些案由的分類學

時間與歷史

訴訟總是以對案件的裁定、解決告終，法官引用法條

60　此處涉及 convention 一詞的兩個涵義：會議與協議。

和判例，而他們的判決回過頭來又對判例及法律的發展產生了貢獻。因此，法院的決定開啟了一個新的 temps。這不是那個兀自流逝和流動的 temps——時間；而是那個值得報告及書寫的 temps——歷史。也許我們有的只是法律，來將時間化為歷史，或將時間欽定為歷史。更有甚者，歷史不僅透過訴訟來開展，它本身就是一所永久法庭。

　　一個事件成為一個分岔；反之，一個分岔也成為一個事件。就像了結一樁訴訟的宣判在不同路徑中選擇，它封閉了若干可能，僅僅開放唯一的一個，宛如半導體、運河閘室或服務窗口。這些訴訟的系列便產生出分岔的集合或成串的分岔，歷史經由它們流動，時間也經由它們流逝以便藉此獲得欽定。這些是出現在科學史網絡中的司法高峰或節點。是空間，也是邏輯。然而每一次決定——如這一詞所指的 [61]——都界定了空間中的一個區域，無論是具體的還是抽象的；它不僅是在河流氾濫或戰爭所遺留的混亂中分割出一塊農地並以虛有權（nue-propriété）的方式將之分配給某人，並且是、尤其是以分析的方式劃定出一些概念及其屬性。羅馬法第一位法學家、邏輯學家或集合論的草創理論家是那位在解釋徵兆前用儀仗在天空可能位置上

61　在字源上，décision 出自拉丁語 *decivere*，有「切割、分離」的涵義。

勾畫出基線或區塊的占卜官。法律描述了在一個實際的、物質的、形式的、語言的及其他向度的空間中發生的事情：對這個獨特空間（espace original）的發現和劃分即是法律的起源。它的語言不是規定性的（prescriptif），而是述行性的，並在當中描述了情境和權限、地點和屬性，從而實行了它們。

時間之欽定及它成為歷史的轉化源於一旦這些情境存在了，我們便將時間與之參照。法學家發明了這類抽象化，其全然不是強制的，既無關道德或警察，而是一種分析地圖學（cartographie analytique）：在這方面，法律看起來像是某種前幾何學。就像科學和司法這兩種理性率先分析或分割了一個存在的與絕對的（catégorique）、基礎的、超越的、極根本的（archiradicale）地球。

舉幾個例子。最早的例子都跟宗教有關。假設某個社會群體進行某些儀式。一旦稍有偏差，集體便會有所反應並進行糾正，讓規範恢復平穩；如果分歧加劇，就必須在正統和異端之間選擇，由此產生了宗教－宗教衝突，只有訴訟才能解決：例如耶穌在猶太公會上受審；宗教改革者如路德、喀爾文或塞爾韋特[62]在宗教評議會上現身。

62　原文提到 Jean Servet，根據文義，應指十六世紀西班牙神學家、醫生、人文學家米

　　然而，有時某個宗教會宣揚與君王或現行政權有所抵觸的法律。這就是為何會發生先知面對國王的政治－宗教衝突，同樣也需要透過訴訟來解決。耶穌面對本丟·彼拉多（Ponce Pilate）的衝突也是如此，過程中耶穌說了日後成為經典的話：我的王國不屬於這個世界。

　　每個判決都開啟了一個空間，誕生了一個時間。教會和教派被界定出來，並且各自開枝散葉；每一個都有獨屬的地盤及歷史。同樣地，安蒂岡妮面對克瑞翁的審判[63]也在空間中定義出、在時間中催生了一種與政治權力相對的道德，或一種與公法相對的私法。

　　科學一門接著一門誕生，每一門都力求標誌其界線及獨特權限，我會說這是它的司法權（juridiction）。我們或許永遠不會知道它們實際上是如何、在何處及由誰開始的，但我們不能忽略那些批准它們同時進到歷史中及真理中的司法行動，確切地說是它們的欽定過程。

　　它們把自己跟政治區隔開來；它們的地盤有別於集體空間，它們的契約不同於社會契約，它們的語言無論說或寫皆跟公共演說不同，它們真理的歷史分岔而行。因此，

格爾·塞爾韋特（Miguel Servet）。
63　安蒂岡妮（Antigone）是古希臘悲劇作家索福克里斯劇作《安蒂岡妮》中的人物，因違抗國王克瑞翁（Créon）的命令遭到處決。

每門科學都有面對暴君或當局的訴訟：如同數學發軔時芝諾的訴訟，在物理學起步失敗時阿那克薩哥拉的訴訟，在物理學成功立足時伽利略的訴訟，在化學開始時拉瓦錫的訴訟，以及在現代生物學發展時，反達爾文的眾多小訴訟。

它們把自己跟宗教區別開來：它們的文本不同於宗教聖典，它們的真理沒有援引任何類似的參照。在這裡，伽利略的訴訟再度出現，只不過這一次涉及的是天文學和力學。此外，還有在面對進化論的提出，那些讓聖經原教旨主義者群情激憤的訴訟。

它們與道德有何關聯？道德以命令式書寫，而知識則如同法律採直陳式，但又不若法律具有述行性。今日成立了一些地方及全國的醫療倫理委員會，它們致力於構想出一些尚未形諸文字的法律，就像安蒂岡妮為愛所參照的那些法律。同樣地，面對世界的脆弱，我們需要一種集體的倫理。

這些先後上演的訴訟劃定了各門科學個別空間及權限，並將它們與其他先行透過別訴訟所劃分出來的真理領域及類型區別開來：這種由宗教、政治、道德、科學等眾多場域所構成的局面還算準確地界定了我們所稱的世俗性（laïcité）——這是一個跟這種分配正義相當接近的總括

的、多元的概念。聖多瑪斯·阿奎那是最早引入一種獨立
於普遍神聖法之人為法的人，的確，他並未提出世俗性的
概念，不過卻進行了這方面的實際運用。

我們知道在若干社會中一切都與宗教有關，在另外一
些社會中，一切則皆與政治有關，類似的情況還可以繼續
延伸：在這樣的社會中，上述提到的每個社會事實都趨於
成為一個全社會事實[64]。局部入侵全部，並且開始具有極
權主義的或完整主義的（intégriste）色彩。司法和世俗性
扭轉這個趨勢，並透過賦予位置及權限與之抗衡。作為全
社會事實，政治對生物學強加了米丘林式的真理[65]；宗教
也是如此，將其教條強加在布魯諾[66]、伽利略、或是達爾
文的追隨者身上。這就是何以會有那些引人非議的訴訟，
科學史雖然因此受害，但也促使它更能從中走出自己的路。

各門科學一方面得益於被害者的光環，一方面它們這
種理性類型也在歷史的時間中及在整個地球的空間中獲得

64　全社會事實（fait social total）為法國人類學家馬塞爾·莫斯（Marcel Mauss, 1872-
　　1950）以涂爾幹的社會事實（fait social）概念為基礎所發展出的新概念，首次出現
　　於 1925 年發表的文章〈論禮物〉（*Essai sur le don. Forme et raison de l'échange dans
　　les sociétés archaïques*）中，指影響整個社會的社會事實。
65　伊凡·米丘林（Ivan Mitchourine, 1855-1935），蘇聯園農學家，科學選種、育種先驅，
　　米丘林對科學有著非常政治化的看法，例如他寫道：「只有在馬克思、恩格斯、列
　　寧和史達林學說的基礎上，科學才能被徹底重組。」
66　焦爾達諾·布魯諾（Giordano Bruno, 1548-1600），義大利哲學家、宗教人物，以異
　　端罪名受羅馬宗教法庭審問，1600 年被處以火刑。

了實至名歸的勝利。突然間，科學取得了位置，也變成一種全社會事實，並迫使倫理、法律、政治、宗教和哲學等領域接受其真理，如此，以時間上、空間上對稱但方向相反的方式，不正義的情況捲土重來，並且對這種世俗性再次構成威脅。我們會看到某種一時之間還無法想像的訴訟、某種迥然有別的新訴訟登場嗎？有時，帶來解放的事物反轉，進而變成綑綁我們的權力。

　　基於這一點，一旦各門科學本身受到欽定，一連串攸關欽定程序的訴訟仍然在各自內部繼續上演，無可阻擋。換言之，它們互相區隔、互相區別，各自發展、開枝散葉，同時也在內部建置一套司法權網絡（réseau de juridictions），每一門科學都認為自己如果出了其地盤便能置喙。有時，這被稱作捏造（falsification），並相當類似農業財產權、法院管轄權、或政治及軍事上的劃分。在歷史上不斷變動，科學的分類方式再得出一種地圖學。

　　於是，科學史與前面提到的宗教史相若，宛如其孿生妹妹，我們的循環完成連結。開設法庭來審判異端、將一些後來被封聖的巫師活活燒死的古老的宗教－宗教衝突，如今在永無休止的科學－科學衝突中延續，由主宰著科學生命的內部永久法庭負責定奪。如此，跟宗教史一樣，

科學史也在其身後留下眾多的被排除者：波茲曼（Ludwig Boltzmann）在亞得里亞海的一個海灘上自殺，阿貝爾（Niels Henrik Abel）在年華正盛時在漠視中逝去，過往被輕蔑的先驅者不斷在腦海中浮現。

哲學家們曾經夢想一門所有科學之科學；如今，我們總算從這個夢中醒來。甚至，除了作為一種多餘、廣告性質的論述，認識論也不復存在。它會以一種描述裁判和真理之間關係的知義論形式重現？

如此，蘇格拉底、耶穌、伽利略等人的訴訟絕非例外。相反地，這些案例揭示出我們歷史中的一條法則：城邦法律，各種機構，以及社會、宗教和政治的組織，它們在某一時刻接受在自己設的局中輸掉。雅典的執政官、大祭司和本丟・彼拉多、梵諦岡的樞機主教，我們的文化遺產贊同將他們差辱於眾，加入他們的還有讓化學家拉瓦錫人頭落地的革命法庭成員，或者當邏輯學家圖靈在資訊科學上的發明以決定性方式挽救不列顛群島免受納粹入侵之際，仍逼他走上自殺絕路的英國陪審團成員，以及在李森科事件[67]中蘇聯的司法部門成員，其醜行阻礙了生物學在該國

67　特羅菲姆・李森科（Trofim Lyssenko, 1898-1976），蘇聯農學家，偽科學的「米丘林遺傳學」倡導者，反對資產階級科學，並提出生物獲得性遺傳理論，1948年達到排他性官方理論的地位，引發科學界的清洗與整肅。

的發展。

於是，在這個輸了反而會贏的遊戲中，被判有罪者不再是被指責的一方。在上訴法院，這些判決轉而將矛頭對準它們的法官，此即我們的歷史。根據發生的地方和掌權當局，當地的法律可能占上風，但對這些判決的所有上訴才真正創造了我們的歷史：科學史以持續的方式——並且在相同的方向上——對這些訴訟進行修正為其動力。這是黑格爾哲學的秘密之一：逐步實現精神——即科學——稱霸的局面，以辯證法——即法庭的邏輯——為暫時的法則。

法律首先在一個又一個的訴訟中贏過科學；因為每個訴訟都會在理性的光照下重新審視，科學又勝過法律；然而因為歷史的內在邏輯依然是法律的邏輯（即使是科學史亦然），法律又占上風；但因為科學總是派出專家協助法庭，科學又占上風；然而……科學和法律、理性和裁判之間的元爭議（méta-polémique）不會徹底解決，它構成了我們歷史的時間。

總的來說，傳統歷史不斷在知識上和法律上展開論辯，論辯著跟組織「人間的世界」的法律相對立的世界的世界的知識法則。兩個王國之間的對立；這個世界的王國與另一個世界的王國，無論後者是哪一個。

　　自此，我們理解了我們掙扎其中的深刻分歧，不見任何可能的解決途徑。一方面，歷史如今總是站在科學理性一邊，那些曾是司法錯誤受害者、無辜亡魂的科學奠基人物在一旁守護；因此，這「另一個世界」──也就是客觀世界──具有仲裁理性、集體仲裁（l'arbitrage du collectif）斷然不具資格而完全無法認識的一些理性。所有知識戰術在局部層次上敗北的戰役，都會在它戰略所發動的戰爭中逆轉成全面勝利。是的，科學戰勝了法律；這意味著事物世界的法則戰勝了人類世界的法律。最終，這將意味著不將後面這個世界放在眼裡。

　　然而，另一方面，這場漫長的戰爭仍然被稱為歷史，其法則是辯證法，或說是法庭的邏輯，它與世界無關，只與那些高深的人之間進行的精緻爭論有關。於是，法律勝過科學，即便從整體上看亦然；這意味著人類世界的法律勝過事物世界的法則。最終，這將意味著不將後面這個世界放在眼裡。

　　一個世界中的偉大立法者們忽略了他們在另一個世界中的對等方。是否應該調和兩種法律、兩方的立法者，將兩個世界連繫起來？

伽利略

「然而它在轉！」（*Eppur, si muove!*）被判有罪的伽利略提出異議，或者看似提起上訴：然而要向有別於此的哪個法庭提出？將他著名的呼喊譯為法語，我們聽到翻譯把對運動的肯定「它轉動著！」跟副詞cependant對比起來，這個副詞指涉暫時中斷的靜止，使用時經過仔細地斟酌。但是並沒有一間為新的力學而設的法院。

樞機主教們以教會法、羅馬法和物理學法學家（le juriste physicien）亞里斯多德的名義來決定及解決。為了回應他們，伽利略試圖避開這些文本或成規，將自己放在他們法律之外：「我的王國不屬於這個世界」，他大概是這麼說的，或者換個說法：「世界不歸它管。」他向一個不存在的法院提起上訴。

法庭是對還是錯？無關緊要。因為司法以述行方式說話，它所說的話僅憑說出來便立即成立，因為無論如何它都成為判例，所以到底是對或錯並不重要。司法真理以自己為參照或立足在自身上。否則，我們可能得向每間法庭提問：你憑什麼審判？然後在它後頭再設立一所新的法院，

對之又可以問同樣的問題，我們馬上陷入一個沒完沒了的訴訟中。非也。某某法官之所以能夠說出法律之言，那是因為他有說的權利：這便將無限後退的局面連結成一個循環，這就稱為權限。

跟耶穌的反駁一樣，伽利略的反駁也質疑審判者的權限。兩者一起聲稱存在著另一個可供參照的空間，無論是在這個世界之外的超自然王國，還是運動中的自然大地，因此拒絕了傳喚他們出庭的法院，其中審判耶穌的法院所具有的權限落在刑事或政治的訴訟上，伽利略的案例則關乎教規的訴訟。不過對於任何法律而言，依然存在著一些無法律空間，其中的成規有所不同：這個法庭在這些空間中不具權限（compétence）。即使在科學中，這個術語也被用來稱裁判的權利，也就是行使法律的權利。因此，上訴要向另一個權限提出。

然而，如果說法庭在庭審中可以出示作為判據的法律文本，抗議者則做不到，因為他自己的文本從定義上說並不存在或尚未存在：如果存在的話，被告實際上就不會提到一個無法律空間，他的案件也將變成普通事務。陪審團因此有權要求他提供徵象、見證，來讓這個無法律空間變得可信，或者至少能夠加以指出。

　　作為回應，被告可以展示或不展示外於條文的事物之存在，他以這些事物為基礎來拒絕法律條文。反過來，法庭可以要求他說明這些超出案由的事物：法律空間包含了相當於一些案由的事物，或相當於一些事物的案由，而無法律的空間則包含一些不是案由的事物，它們可能還不是案由，或甚至永遠不會成為案由。此一參照庫（réservoir de références），我們可以稱之為超驗（transcendance）。在羅馬法中，被告被稱為 *reus*，他的案由被稱為 *res*。讓我們稱這個他所參照並且無法出示其條文的空間為實在（réel）。

　　尤其重要同時也是最後一點，正如任何其他作者一樣，伽利略需要某個法庭，來使他的理論獲得欽定，來讓他的實在成為理性的，以及讓他的文本成為真理：在存在著天文假設等同性[68]的論點、但缺乏 *experimentum crucis*──即關鍵性實驗──的情況下，天體力學最終需要一種決斷性的裁判（jugement décisoire）。科學總是需要這樣的裁判。

　　「然而它在轉！」伽利略發出異議，提起上訴。他提到事物自身的世界、地球及其平靜的旋轉，無有案由。宗

---

[68] 假設等同性（équivalence des hypothèses）是指在 1580 年至 1700 年間由天主教教會提倡的一種教義，旨在面對天文學上以太陽為中心的主張。教會認為實際上從相對的角度來看，地球繞太陽旋轉或太陽繞地球旋轉只是一種相對的觀點，因此這兩種假設是等同的。

教裁判官們坐在胡塞爾那一動也不動的地球上[69]，坐在海德格所說的包覆他們並為他們提供基礎的地球上。面對樞機主教，這位天文學家劃分了兩個空間，法律空間與無法律空間，前者是契約或協議的空間，而他向後者——自然的空間——提起上訴。在後者中，一個轉動的地球似乎和今日的某樁全球變化一樣怪異：是無有案由的事物還是有案由的事物？

在權限問題上持反對立場，這位力學家向這個自然提起上訴。向某種自然法提起上訴。其將誕生，其尚未誕生。在自然中，沒有述行語。

無法律空間，的確，或者單純只是上訴法院？耶穌向另一個世界提出上訴，伽利略也是如此；但還有霍布斯、孟德斯鳩、洛克和盧梭。前兩位對某地的法院所宣判的某判決加以質疑或予以斟酌。不過，也從此時開始，法哲學家展開對人為法、契約或成規的探討，打算為之奠定基礎、催生之、修改之或破除之，並且如同他們，也向自然提起上訴，要求它在最後關頭決定及裁判。不存在以超越的方式自動奠定的成規。這裡，沒有矛盾地混合了自然與超自

69　作者的說法或與胡塞爾 1934 年的文章有關（*Renversement de la doctrine copernicienne dans l'interprétation de la vision habituelle du monde. L'archéoriginaire Terre ne se meut pas*）。

然、關乎事實的歷史與形式的、一般的或邏輯的條件、有神論者與無神論者，一切都取決於最終參照，而其後不再有上訴的可能。

然而，在這幾位哲學家那兒，這個上訴法庭或終審法院會作出如此脆弱、如此籠統及如此矛盾的判決，以至於他們不斷被同時代的人及後人懷疑將自然法與他們所接受的成規混為一談。現代性更是關上了自然法，不再有後面的世界或其他參照，一切都被限縮在變來變去的決定或烙上各種歷史局勢印記的暴力中。由於抹去了任何其他世界，我們被迫永遠無法上訴，只能把自己侷限在初審、終審無二致的法院，並且這種緊縮界定了我們所有的人。我們在一些受宰制史所擺佈的人為法中求生。

相較之下，伽利略的上訴維持下來了，但在仍然稱作法律的領域中尋覓不得任何具有權限的法庭。而他所訴諸的自然則成為由力學及其權限所界定的自然。於是，自然法跟物理科學變成同一回事：它們取代了自然法的位置。現在，我們只依賴知識的專業意見：我們知道，但我們再也無法決定。

科學獨占所有權利。最初，法律先於科學；在歷史過程中，這兩種權威相對立，並爭奪對方特權；最後，唯一

具有權限的科學掌握著全局或地球。

如此，我們禁止出現新的救世主或其他的伽利略。除非我們重新打開這個被關上的自然，創造一種涵蓋全球的新自然法。因為現在是地球掌握著我們。

憑藉其耀眼的成就，科學佔據了自然法的空間。而伽利略向轉動中的地球提起的上訴（在當時法學家眼裡，地球的運動無法為任何審判提供穩固的參照）就如同一份佔有契約（contrat de possession），有助於透過精確科學對地球的征服行動。

伽利略是第一個將自然的地盤圈起來的人，並且毫不避諱地說：「這歸屬科學」，並找到一些頭腦夠簡單的人相信此舉對於人為法及封閉在人類關係內的市民社會不會造成任何影響。他將財產權賦予了科學社群，從而奠定了它的基礎；這麼一來，也深深地為現代社會打下了基礎。知識契約如同一份新的社會契約。自然於是成為總空間（l'espace global），人類不在其中，社會因此也缺席。學者掌控這個空間，其中由他來裁判及立法，而人為法也幾乎不干涉技術人員及工業家，而只是天真地應用這些科學法則，直到自然的隱憂在實際辯論中的份量越來越重。

自然存在於集體之外：這就是為什麼自然狀態對於存

在於社會中並且由社會所創造的語言——或說創造出社會人的語言——來說是不可理解的。科學在這個沒有人的世界中制定了無有主體的法則（lois sans sujet）：它的法則與法律的法條不同。

　　各門實驗科學使它們成為這個空曠、荒涼及野性空間的主人。而關於這個空間，哲學家曾經認為，如果存在的話，它應該包含了一切法律的前提、來源、基礎、歷史、生成及系譜，甚至它在好幾個權威部門中的不同開展也回覆了「憑什麼？」這個沒完沒了的問題，並朝向一個最終的參照匯聚。憑藉著使自己成為無法律空間的所有者，握有權限的各門科學向法庭提供專家，因此先於它們並且替它們做決定。

　　自然法消聲匿跡，因為科學已經奪取了它的空間。現在，科學發揮著最後審判的作用。因此，法律和科學就像過往人為法和自然法一樣對立，並始終有利於後者。伽利略訴訟案的結果是：無有主體的客觀理性勝過主體能夠述說的理性，因此它可以決定，而您或我在這方面卻不容置喙或無事可做。

　　在伽利略的訴訟中，我們如何不再度認出《聖經》

中先知和國王間的古老辯論？那些以法為據的人要求那位稱自己述說著另一個世界之事的新來者給出一個奇蹟的徵兆，來真正展現他來自別處、來自上帝那兒或來自另一個世界。

於是，舉起手，這位力學家讓整個地球動了起來。被傳喚出庭，他傳喚（citer）地球，向它提起上訴，並讓它動起來。我們知道，citer 這個動詞在古代語言中的意思是搖動（ébranler）[70]。將改變歷史的巨大驚愕：它在動！什麼是奇蹟？就是事物突然闖入案由中，世界闖入法庭：地震。實際上，它在搖動！這就是力學原始的地位，真正帶著奇蹟色彩的地位，新的運動科學。現象學的地球自身在搖動！

我們尚未從中脫離。先知推翻了國王。科學取代了法律，建立了自己的法庭，其判決如今使其他法庭的判決皆顯得武斷。而現在，在一個除了知識，什麼都不知或不做，並且做什麼都以知識為根據，其中只有科學才享有可信度，其中只有它的法庭才能夠以雙重具有權限的方式進行裁判的世界與時代中，我們該做什麼，該如何決定，憑什麼？

然而，現在有了不同的局面。有效精確的知識、理性

70　法語 citer 一詞出自拉丁語 *citare*，指動起來或使之動起來。

的干預不再只是有著無知或錯誤之虞，如今還涉及了死亡的風險。對我們而言，知道已經不再足夠。

因為自今晨起，地球又震動了：並非由於它在其不安又規矩的軌道上移動了、運動了，並非由於它從深層板塊到大氣層的範圍中出現了什麼變化，而是由於它正因為我們而發生變化。對古代法律和對現代科學而言，自然曾經提供參照，因為在那裡沒有任何主體：法律上和科學上的客觀都來自一個沒有人的空間，它不依賴我們，我們卻在法律上和事實上依賴它；然而，如今它也如此依賴我們，乃至於它搖動起來，我們也對這種偏離預期平衡的情況憂心忡忡。我們讓地球不安並且讓它震動！現在，它又具有了一個主體。

藉著向地球提起上訴並且它動起來以為回應，科學征服所有法律，如今已歷三個世紀。於是，先知變成國王。現在輪到我們，像伽利略一樣呼喊著（只是如今我們面對的是他的後繼者——昔日的先知如今已成為國王——的法庭），向不在場的法庭提起上訴：地球在動啊！遠古的、不動的、關乎我們生存條件或基礎的地球在動，作為基礎的地球在震動。

這場與基礎有關的危機無關理智，所觸及的全然不是

我們的觀念、語言、邏輯或幾何，而是氣候及我們的生存。

自三百年來，科學首次向法律求助，理性向裁判求助。

科學與法律的歷史相遇

然而，它們有時也共存。幾個例子。

亞里斯多德用平衡法則（la loi de l'équilibre）來定義正義，天平的樣式表現出它的技術模型，而比例 $a/b = c/d$ 的類比則給出了它的通用方程式：在古希臘的世界中，有比這一既簡單卻又最複雜機具的圖案和這一最有效的「代數」方法更通用的兩項表達嗎？分配正義已經捨棄了過於簡單的嚴格平等，並且訴諸補償：通過天平兩臂長度上的不等，來平衡兩個重量的不等；這樣一來很多差異得到尊重。當時最高的科學說出了最佳的法律。

兩千多年後，萊布尼茲發明了微積分。確實，差異是存在的，不過積分計算能夠妥善處理。涵蓋最全面的總和始終是最公正的，因為它保留了最多的多樣性。就方法而言，此即當時最普遍的方法，而就技術而言，則是在自然中一切都遵循由變分法（le calcul des variations）所界定的極端途徑（voies extrêmes）。上帝以機械的方式創造了各種

世界中最好的一個，如同物體沿著最大斜率落下，球形雨
滴構成了最大體積，或者鐘擺沿著最短時間的曲線擺動。
這是決定性的論據，來幫助在人類法庭上受審的上帝擺脫
造惡的罪名。最一般的自然法則適用於普遍的法律問題並
加以解決。

　　裁判相當於斟酌（peser）：在行為中計算，對文字而
言就是思考（penser）。亞里斯多德的正義尋求某種被補償
的中間（milieu compensé），而萊布尼茲上帝的正義則循著
極端邊緣（bords extrêmes）而來。這兩個理論通過在界線
上的獨特性（singularités aux limites）來處理宇宙。

　　這些自然法則幾乎總是歸結於一些平衡的方式（或說
藉由變而維持不變的方式）上，歸結在一些結構的法則上
（包括那些賦予時間最重要地位的法則，即演化法則）。
我們可以按照字義將它們稱為正義法則（lois de justice）。
在這些情況中，藉著某種均衡，各式無生物所涉及的變動
且差異化的平衡與物種所涉及的具可變性但幅度有限的平
衡這二者與人類群體方面的公平並行不悖。

　　因此，自然的正確（justesse naturelle）只問社會正義
的問題，只問法律或道德的問題。這種受自然科學（它們
的技術今日已發展成全球的技術，也體現出它們的大致輪

廓）啟發的自然法，跟人類法並無二致，而是與之呼應。

隨著科學史推進，平衡概念也持續發展，越來越細緻，也將更多的不平衡納入一個越來越廣的概念中。無差異的不變是個不明智的概念：柏拉圖令我們發笑，他無法想像一顆陀螺繞其軸心快速旋轉的同時，立在軸尖上的它卻可以移動得更少；這情況對他來說似乎是矛盾的。相反地，透過比例的類比，亞里斯多德將天平兩端臂長的不平等納入嚴格的平等中。從亞里斯多德到萊布尼茲，我們從靜力學（la statique）轉向變分法，而在後者中，穩定性納入了某種運動。這一趨勢不會停止：古老的不動性吸收了最劇烈的變化，好像在擴而廣之的靜力學與任何可以想到的運動之間展開了一場競賽。一個剛剛冒出的差距讓某種新的不變性所重新奠定的系統再度搖動起來。

例如，必要路徑 [71] 的概念讓流體的總平衡顯而易見：讓一條河水的河床側移，它會返回原本的低窪處；即使是星體運動的軌道也趨向不動。混沌理論將其吸引子分配在一些碎形曲線（courbes fractales）上，從而在最讓人不安的混亂表面下發現了精緻的秩序：也許這就是一個適切的歷

71　必要路徑（chréode）是英國生物學家沃丁頓（C. H. Waddington, 1905-1975）創的新詞，用來指涉細胞在形成器官時遵循的發育路徑，受到外部干擾時會進行調節，以返回正常軌跡。

史理論。因此，這些越來越廣的概念讓我們理解了運動中的恆定性，或是在混亂的表面下一種分配的值域（la plage d'une distribution）。

我想像氣候同樣涉及了一些總的不變性（invariances générales），這當中既包含了最強烈颶風的短期破壞，也包含了最緩慢的洋流循環。我們還不知道英語所說的全球變化（*global change*）一詞涵蓋了什麼或是否具有意義。我們能夠想像最極端的變化最終會融合在一個更高並足夠穩定的總和中，並整合了物理的問題和人類集體的難題：於是，地理學也許包含了歷史，而地理也包含了歷史，在最精細的意義上，兩者都是混沌的。若不將所有的地方模型化（modélisations locales）及其元素融合在一個混合了自然及人類變項的全球模型（modèle global）中，我們何能思考、評估、計算並最終引導地球這個星球的種種變化？這始終牽涉到相同的問題，即不變與變、混亂與秩序的問題，並且將之升高到最高的融合層次。就像過往的哲學一樣，科學最終也開始以普遍的方式思考，既保留又捨棄歷史上造就其威力和效力的所有知識切割方式（之所以既保留又捨棄，是因為科學嘗試將這些被分割的知識結合起來）。藉著從地方向全球啟航，科學進行其思考。

然而，正義的觀念恰恰指的是一種持續不懈的擴大努力所追求的視野，藉著這些擴大，某種平衡吸納了一些越來越大的差距，但同時又讓它們繼續存在。於是，在這一點上，我們似乎可以說，科學史是跟隨著從局部到整體的一系列司法上訴向前邁進。

總的來說，如果沒有一個或幾個能夠確保理性以合乎規則方式運作的一般常項（constantes générales）的話，整個科學還能持續下去嗎？就如同這些常項最終指向基礎的、不變的地球，然而它卻被現行的科學分配在那些表達著屬性或人為法的眾多變項上？

科學是否跟法律有著相同的基礎和步伐？因此，是否存在唯一一種理性，可以分配在分屬正確和正義的不同領域中？

理由律

在拉丁文 *principium reddendae rationis* 的形式下，萊布尼茲提出理由律（Principe de raison）。據此，不僅任何事物均有充足的理由（raison suffisante），而且理由必須被歸

還（être rendue）[72]。我們清楚，這個原理奠定了科學知識的基礎，因此證成了科學的名號。

我不曉得人們是否注意到，在這位彼時最傑出的法學家的筆下，出現了歸還（rendre）此一動詞。這個歸還在時間上居次，表現出一種相互性，或是一個相對於早先行為而來的後續，因此歸還者（celui qui rend）必須先收到某種饋贈（don）。理由律要求歸還者這樣做，因此建立了在契約方面習以為常的平衡，並且奠基在交換的公平上。這涉及一個最佳的、對稱的及正義的均衡，因此，在此之前，這涉及一份真實或虛擬的契約。因此，理性奠基於裁判。

然而，誰給的，還有，給了什麼，我們應該將理由歸還給誰呢？答案殆無疑義，該歸還給每個事物。如果每個事物都有其充足的理由，那麼我們必須將之歸還給每個事物，這個被我們恰當地稱作所予（le donné）[73] 的東西。世界（以總的方式）及各種鄰近的、地方的或遙遠的現象皆被給予我們；如果我們無償地接受了此所予，而從未歸還什麼，那麼就會有不正義和某種不平衡。因此，公平要求我們歸還至少相當於我們接受到的，也就是以充足的方式

72　萊布尼茲提出 *principium reddendae rationis*，其中 *reddendae rationis* 對應法語的 rendre raison，其字面意思為「歸還理由」或「使有理」，即解釋、說明之意。

73　法語動詞 donner 指給予，donné 為被動式，此處順此意思將 le donné 譯為「所予」。

（suffisamment）歸還。

對於給我們所予（即全部饋贈）的世界，我們能夠歸還什麼？對於給予我們誕生和生命的自然，我們能夠歸還什麼？平衡的回答是：我們本質之全部，也就是理性本身。或許我們可以說，自然以實物的方式（en nature）給予我們，而我們則以貨幣的方式（en numéraire）——即以人類的符號貨幣的方式——歸還自然。堅硬的所予，柔軟的互惠。

因此，理由律所關乎的就是公平契約的建立，那個我們一直以來所簽訂的契約，那個我們跟自然所簽訂並實時遵循的契約。

理由律描述了自然契約：理性和裁判並無二致。

在古典理性主義者的年代，理由律僅叮囑法則在建立上要注意之處：也就是那些物理學或其他自然科學的法則必須依從理由律，正如任何人為法的法條都要參照交換公平或契約平衡這一普遍且近乎自然的原則。如此，實證主義甚至理性主義都是奠基在法律上的哲學。

這種以理性來平衡所予的理性契約（contrat rationnel），結束了世界與我們之間橫跨歷史的衝突——一場以數不盡的失敗換來少數勝利的戰爭，還有一樣數不盡

的陽奉陰違策略。

因此，它表達了一種公約，某種停戰協定；我們重新見到那個我們曾經脫離的戰爭。只要我們在這些衝突中不斷敗陣，我們永遠不會簽署此一公約。在它之前，所予帶給我們的損失多於餽贈，我們受自然所奴役。因此，它開啟了一個新時代，當中我們將檢視世界。誠然，我們首先要將理性歸還給它，但我們也要使之合乎理性。理性主義和實證主義凱歌高唱。柔軟戰勝了堅硬。世界進了書本之中。停戰協議結束了一場戰爭，其見證了理性的勝利。

在歸還這個出自法律的動詞上，加上了理由一詞，後者也來自法律，因為它意味著比例、分配、在平衡中的節制。充足理由律（le principe de raison suffisante）或許會制定出一個未必全然理性的契約，特別是如果它本身未臻合理（le raisonnable）。我們必須將理由歸還自然，這理由既不低於所予要求的，當然也不能更多。如果理由超出所予，契約就被打破，如果理由不及，結果當然也一樣。理由律要求達到一個平衡。同樣地，一項必要條件要成為充分的，唯有當將它跟它的限定項（le conditionné）關聯起來的蘊涵關係是交互的、平衡的、反之亦然的。在某種程度上，這種雙向箭頭展示了一種平衡。

在萊布尼茲的時代，理由律表達出一種奠定了自然科學基礎的理性契約，宛若理性在長期屈居下風後，如今終能跟所予兩相平衡。今日的情況則相反，所予自身在理性產物的重壓與威力下趨向消失。因此，我們開始趨向在一種合理契約（contrat raisonnable）的形式下重讀理由律。

為什麼要稱之為自然契約？在萊布尼茲的時代，律師在這個訴訟中為理性辯護，而從不站在所予這一邊，當時所予如此強大，在各個方面都超越我們。在某種程度上，自然本身強迫我們歸還理由，就像人們迫使戰敗者歸還戰利品一樣。今日，我們這些合理的人（hommes raisonnables），依時勢所趨，開始為未久前交出武器的所予辯護。書本進入世界，而世界並沒有從書本中走出。

當理性在對抗自然的訴訟中在平衡上取得了勝利，理由律就等於一種理性契約，相反地，如果自然透過我們的聲音在對抗理性的訴訟中取得了相同的勝利，理由律便等於一種自然契約。通過合理的理性（raison raisonnable），理由律平衡了它的理性。透過節制，它公平地分配力量，因為理性同時意味著力量的過度及其限制。在它的基礎上，並且終於，理性的科學與公正的法律相結合，理性與裁判亦然。

　　作為上帝的辯護人，萊布尼茲在人們就惡的問題對祂提起的訴訟中完成了這部《神義論》。同樣地，作為理性的捍衛者，作為由上帝所給予的真理之友，他藉由理由律，起筆了這部由我們所繼續的知義論，這是理性跟裁判的關係，如此地不可避免，連上帝自身也無法避開。

　　面對著我們科學、技術及真理的責任，惡的問題繼續被提出。該怎麼辦？

　　某些哲學家，如萊布尼茲，懷抱著辯護人的使命；其他人則有著檢察官的使命，如蘇格拉底及我們從事社會科學的同代人，後者並樂意變成警察；最後還有一些人負責裁判，如康德……。聖靈有著辯護人之名，在希臘語中說paraclet；而在希伯來語中，檢察官則被稱為撒旦。

　　哲學能夠避開這個法庭嗎？當科學求助法律，理性求助裁判時，今日身處其中的我們該說什麼？

理性與裁判

　　讓我們區分兩種理性，或說將理性跟裁判區分開來。對於主導知識、不久後主導科學的前者而言，真之必然性

（la nécessité du vrai）來自忠於事實，或者來自證明。真理在此反轉了錯誤、誤解或由想像所滋生的陰影。自啟蒙時代以降，這種理性在原則上照亮了我們。如果沒有它，我們思考會出錯。對於主導著法律理性的後者來說，仲裁之必然性（la nécessité des arbitrages）──甚至更糟，專斷之必然性──來自暴力和死亡。如果沒有仲裁者，我們將面臨最糟的風險，我們會自相殘殺。正義有權限審理訴訟，正確則在認識事物上是有權限的。

從錯誤中產生了求真的理性（la raison vérace），從死亡中產生了裁判。為了暫時地保護我們免受死亡的威脅，並企圖能夠斷然地擺脫錯誤，我們需要這兩種理性，即忠於事實的知識和審慎的裁判。

然而，由於錯誤的風險充其量也只會讓我們面對比死亡小的危險，我們理所當然地把裁判置於理性之上，把法律置於科學之上。傳統由法律界定，而創新由科學界定。經驗豐富的老人好審慎，而年輕人則更喜歡理性思辨。

精確科學的崛起衝擊了這個狀態，因為其效力藉由各種的技術及醫療開始保護我們免受死亡威脅。自啟蒙時代以來，理性坐鎮在裁判的法庭上；專業知識對於判決的方向具有決定性影響；偉大的學者迎來了曾經屬於立法者的

榮耀；理性的或富實驗精神的年輕人勝過了合理的和經驗豐富的長者。理性地位提升，在裁判之上。

如今，我們見證了裁判迎頭趕上理性的情況。每一門處於巔峰的科學向死亡的危險逼近，如原子和炸彈、化學和環境、遺傳學和生物倫理學等。科學及相關技術不斷發生的危機，再次引起人們對審慎的要求，審慎成為效力和真理的領航。我們曾經老去，我們曾經年輕，如今我們成熟了。為什麼人類歷史會遵循著跟有機生命一樣的過程呢？

今日，我們的集體既可以死於理性的產物，也可以藉由它們得到保護。過去做決定的理性如今不再有能力對自身做出決斷。它求助於法律。而我們的裁判不能跳過理性的產物。它求助科學。這是我們哲學的磨難。

這裡並無矛盾，只有一個積極的循環。因此，最好透過一份新的契約，在適切處理世界的事物及其關係的科學與對人及其關係做出決定的裁判之間、在今日衝突的兩種理性類型之間建立和平，因為它們的命運如今交叉混合在一起，我們的命運取決於二者的結合。透過一種對全面性的新呼籲，我們需要共同發明一種理性的、有所權衡的理性，既要思考得對又要審慎地裁判。

　　然而，我們不再相信意識的一些能力，如理性和裁判，這些能力在一個曖昧不明的容器中跟想像或記憶相鄰，還有一些其他的類似功能或機能；我們也不再相信帶有大寫字母的概念；但我們認識一些人；我們需要創造更多的他們；為了培養他們，我們需要一種教育，而為了這個教育，我們需要有個榜樣。因此，讓我們描繪出一個前所未有的肖像，來激發出仿效者。

博學的第三者

　　今日的智者在他身上融合了英雄時代的立法者和嚴格知識的現代持有人，能夠將科學之真理與裁判之和平交織在一起，緊密地融合了我們埃及和羅馬的遺產（居於我們法律的源頭）及閃米特和希臘傳承（其係知識的贈予者），將有效迅速的科學跟我們緩慢審慎的法律融合起來。智者既年輕又年老，他進入成熟的階段。

　　我稱他為「博學的第三者」：他是知識的能手，無論是形式的還是實驗的；他精通自然科學，無論是無生物的還是生物的；他跟偏好批判性真理多過於建制性真理（vérités organiques）的社會科學、侷限於平凡無奇、非稀

罕資訊的社會科學保持距離；他偏好行動勝於報告，偏好直接的人類經驗而非調查及檔案；他是一位自然和社會的旅人，一位河流、沙地、風、海洋和山脈的熱愛者，一位踏遍整個地球的行走者，一位熱愛不同行動如同各式風景的人，一位西北航道的孤獨航行者——這是歷經險阻的實證知識以微妙而稀罕方式與人文學科互通的一片海域；反過來，他也深黯古代語言、神話傳統及宗教；他是自由思想家（Esprit fort）與老好人（bon Diable），扎根在最深的文化沃土中，直到在肉身和語言的黑色記憶中埋藏最深的板塊上；因此他既古老又當代，既傳統又未來，人道色彩和學識淵博兼有，既快且慢，既生澀又經驗老到，既大膽又審慎，他比任何可能的立法者都還要遠離權力，他比任何想像到的學者都更接近於普通人共通的無知，他是偉大的但同時也是平凡的，他是經驗主義的但也是精確的，他細膩如絲但又粗糙如帆布，不斷漂泊於饑餓和飽食、貧苦和富足、陰影和光明、主宰和奴役、家園和異鄉之間的狹窄空間，他同樣瞭解和尊重無知與科學，他瞭解和尊重荒誕的故事更勝於概念，他同樣瞭解和尊重法律與無法律，既是僧侶又是流氓，既形單隻影又四處行走，既漂泊又穩定，最後且尤其重要的是，他對地球和人類充滿熱愛。

　　這種混合需要他矛盾地扎根在全球：不是在一塊土地上，而是在地球上，不是在一個團體中，而是無處不在；植物的形象幾乎已經失去意義。自從我們踏上一次馬力強大並遠路程遙的啟航因而起飛以來，我們更依賴於非物質的連繫（liens immatériels）而非根部。這是歸屬的終結嗎？

養成

　　願這位智者孕育後代。人類後代的養成基於兩項原則：一項是積極的，關乎其培養（instruction）；一項是消極的，觸及其教養（éducation）。後者造就了審慎的裁判，前者則是積極進取的理性。

　　我們必須學習我們的有限性：觸及一個非無限存在的種種限制。必然地，我們會受苦，無論是由於疾病、意外或匱乏，我們必須給我們的欲望、抱負、意志和自由設定一個終點。面對著重大決定、責任、不斷增加的他人、世界、需要保護的事物及親人的脆弱、幸福、不幸和死亡，我們必須為我們的孤獨做好準備。

　　從童年時期就掩飾這種有限性的做法會滋養出一些不幸的人，並在不可避免的逆境前讓他們的怨恨不已。

　　我們同時也必須學習我們實實在在的無限性。沒有或幾乎沒有什麼東西可以阻擋訓練的作用。身體能做的事比我們想像的更多，智力可以適應一切。喚醒對學習的無窮渴望，以便盡可能地體驗完整的人類經驗和世界之美，有時候透過創造繼續前行，這就是啟航（appareillage）的意義。

　　這兩個原則嘲笑那些在今日將眾人帶向反方向養成的途徑：在培養上的狹隘有限性產生了順從的專家或傲慢無知的人；欲望的無限性則將軟趴趴的膽小鬼麻痺至死。

　　教養造就並強化了一個自知有限的審慎個體；真正的理性培養則將他投向無限的造化中。

　　作為我們基礎的地球是有限的；以它為起點的啟航則沒有盡頭。

繩索與解索

布雷斯特港

一頭金髮，夏娃身穿一件黑白相間的短洋裝，上面有大玫瑰印花；草綠色的鞋子搭配同色腰帶；亞當一頭正棕色頭髮，穿著海軍藍長褲，毛衣下的身軀微微顫抖。他們帶著誠意地（avec bonne volonté）擁抱著。十月北風呼嘯而過，將船身緊緊挨在碼頭上。大家等著啟航。

架好的登船板因漲潮而又陡又斜，乘客們扛著行李、牽著孩子，費勁地登船；他們邊發抖邊將船票遞給船上人員，他和善愉快的眼神逐一過目乘客。要安頓下來，每個人得花點兒時間。怕冷的待在下層，想透透氣的人跑到前甲板上。

登船板收起，欄杆扣上，船纜鬆脫。太陽才剛升起。夏娃待在岸邊，向站在甲板中央的朋友微笑；亞當居高臨下，高出她一個人身。她從袋中掏出一顆大紅蘋果，咬了一口。船頭已稍稍偏離碼頭。亞當雙手合攏，向夏娃示意將蘋果丟給他。她扔去，他接起。她再度樂得開懷大笑。

目的地西部諸島（îles du Ponant），艾內·厄沙號（Enez Eussa）緩緩駛離碼頭。船尾的纜繩依然拴繫著。亞當咬了蘋果一口，這回換他笑了，並將蘋果擲回夏娃手中。太陽

已經升起，吸引旅客們暫時忘卻些許的不適。煙囪的煙在甲板上瀰漫，然後順風飄走。女孩接到被咬的大紅蘋果，看著它猶豫了片晌，然後果決地以門牙啃下一口。水手們邊拖拉邊整理的船尾纜繩落在水中。正當蘋果從她手中到他手中第三次飛過，船尾也駛離碼頭。引擎馬力加大，船首朝港灣口前駛。蘋果又再次從海上飛到陸地，也變得更小了。

亞當和夏娃收起笑容，情況有了一百八十度的轉變，他們如今變得急促。擲出、等待、接起、咬下、拋回。坐在船尾，望著這個原本不經意、如今變得倉促、必要且費力的把戲，來來回回，我算著算著都算茫了。蘋果越變越小，已開航的船邊鳴笛邊駛遠，蘋果在空中勾畫出被拉長的圓，並且益發莊嚴地飛越及翱翔。兩位戀人非常認真，甚至專注，忙著一項馬虎不得的工作。他們聚精會神，沒發現已成為水手和船客觀看的景象。從岸邊到船上，從甲板到碼頭，這顆頑強的蘋果像支利箭，在扔擲的掌間繼續並總是展開不斷變大及膨脹的連繫。

蘋果有如梭子來來回回，織出一片蜘蛛網。我敢打包票，這艘仍然被漂浮的記憶和遺憾所構成的有形、無形纜繩跟陸地繫在一起的船，很難從網上脫身。如我們所知，

沒什麼比蜘蛛網的絲線更牢固的了！在一次又一次的軌跡上越趨輕盈，這位信使還要在多少次撕心裂肺的往返中高飛及迴旋？

然而，啟航進入尾聲，這顆水果也啃食殆盡，當果核中除了幾粒籽什麼都不剩的時候，本該將它交到回擲者手中的長長拋物線也斷了，它無法命中目標，落在一片骯髒的海水中。

沒有任何徵兆，亞當和夏娃轉身背對彼此，兩人如今已經搭不上線（dépareillés）。在這樣的距離下，任誰都無法認出誰的身體。

幾隻如蛇般詭詐的海鷗（mouettes serpentines）潛入水中，爭搶那剩餘的、從誠意中還殘存的東西。幾粒籽。

庫魯的太空中心

由於電腦誤判的故障，在歷經 24 小時延宕後，發射命令剛剛下達：三、二、一、零。亞利安號火箭啟航了？

首先看到濃煙，其次是微光。當聲音傳來時，簡直不敢相信自己的耳朵。不，這不是任何已知引擎發出的聲響：在轟鳴的紅樹林與森林邊緣這二者間，在赤道的夜色中，

發生了一件屬於氣象學層次而非人類技術的事件：一陣暴風雨、颱風、颶風、古人稱為大氣現象的東西從我們頭頂掠過：上帝的雷聲、閃電、狂風和雲層。

片晌，我們既看不見也聽不到這個在大氣層中的可怕景象。火舌竄出，閃光現在如同一種信號，接著變成一個亮點，在群星中佔了一席之地。第二階段點火：短暫地出現一顆彗星。我們拼命在夜空中追著它。一分鐘後，一枚新星亮了起來。在我們目光下，亞利安號此時屬於天文世界。啟航剛將似乎受大氣現象胡亂肆虐的低空跟由星辰秩序掌管的高空連接起來。

當船隻啟航，它們將天線指向一個迥異於陸上生活的世界：在遠洋上，一切都與我們告別之地有別。方的變圓的，穩固變晃動；您不再有相同的動作，您會說一種獨特的語言，除非經歷過，否則沒人會懂。出發：中斷一切連繫。

走出這個世界，進入另一個世界，那裡沒有什麼是一樣的，這就是啟航。裝配了跟陸上迥異而適用於海上的機具，鬆開纜繩並切斷舊連繫，這些船隻知道如何安然度過這種充滿動盪的轉變。我們會以不同方式生活，也許是很長的一段時間，在另一個地方，而瞭望者唯有風與天空為伴；這就是為什麼水手們回來時總帶著一絲不尋常的模樣。

　　是怎樣一位有遠見及感傷的天才為啟航譜寫過軍號曲？它比為戰亡曲更讓人撕心裂肺。

　　當一輛汽車穿過城市，它或許正行駛在從土魯斯到波爾多的路上；這架在我們頭上嗡嗡作響的飛機，它把巴黎和馬德里連在一起；噪音和煙霧、粗野又下流的爭吵，為了某個單單限於表面的改變！乘客們慵懶地坐在一輛只駛在必經道路上的車子裡，他們不看窗外，只讀著報紙，擔心錯過了他們的空間、他們的時間，或是媒體用來麻痺他們的謀殺案。

　　在此地，在一片罕少有人活著出來的森林之邊緣，在這個被說成原始的另一個世界之邊緣，亞利安號颶風將一座訊號站送上太空，將大氣現象出現的混沌天空連接上天文學家的天空——即天體力學的有序空間。

　　然而，如果說，因為我們的祖先奠立了波爾多、馬德里，並且我們自認為管理著它們，從而它們有些依賴我們的話，氣候或群星則從來沒有依賴過我們。我們既不造就也不改變天空或季節。

　　使用舊技術的舊車輛，從這個世界依然駛向了這個世界，從一個城市到了一個首都，無須捨棄公路規則。而這些公路更在不久前變成了普普通通的街道，這是因為歐洲

大都會帶從米蘭延伸到都柏林，單調且具宰制性的城市模型無情地入侵了空間。

　　至於船舶則是從這個世界 —— 陸地的或土地的世界 —— 越境到另一個世界，亦即海洋的世界。亞利安號是從另一種世界（un monde autre）到另一個世界（un autre monde）：一段更加艱困的過渡；它一開始就被設置在不穩定及混亂中 —— 一個受暴風雨、雷擊和閃電侵襲、無可控制的空間中，然後在大氣的低層，它釋放出揮發性最高的元素 —— 火與空氣，加入了始終在我們掌控和處理範圍外的高層秩序中。

　　庫魯[74]，1989 年 4 月 1 日，晚上 11 時 29 分；我轉身望向現場為數不多的觀眾，他們都是應邀前來見證發射活動的賓客：每個人的眼中都閃著淚光，我因為害羞而掩飾自己的淚水。以我所見，工程師、學者、專家都是自認為理性、冷酷無情的人，加上反覆進行的估算及計畫早已讓他們無動於衷了。然而，在此時此刻，他們卻哭了。我突然感覺自己好似目睹他們光著身子從森林裡走出來，被這陣颶風及這顆彗星弄得眼花繚亂或害怕，如同野人

74　庫魯（Kourou）是法國海外省法屬圭亞那的一個市鎮，1968 年圭亞那太空中心創立於此，包括歐洲太空總署、法國國家太空研究中心及亞利安航太公司都常在此地發射火箭（參考中文維基）。

（sauvages），他們非常清楚我們對星斗和颶風無能為力。

然而，在我們眼前及耳際，一陣閃電及雷聲後，暴風雨的閃光剛變成一顆行星。我們突然又變回我們過往從未停止是的那些人：原始人（primitifs）。通過其衝勁所展現的能量，這場高度複雜的成就在我們身上重新發現了古老的特質（archaïsme）。

我們依然深埋在我們遙遠的過去裡頭，深及大腿、肩膀、直至眼睛，卻無視於此。我們驚惶地目睹了一場古代的儀式，它的排場慶祝著平靜的星群及發出閃光及雷鳴的自然力量；我們啟航前往了我們史前階段的一個被遺忘年代，在空間和時間的另一個方向上。朝向高空及未來的行動就等於朝向上游的反動（réaction en amont），亦即在根基處的搖動（ébranlement dans les fondations）。

這一巨大的成就將我們送到所有回憶中最長久的、最幽暗的那個：是的，我們四分之三的行為和思想都是古老的。朝向最遠處投射，我們卻發現自己被擲到原始（primitivité）中，宛若藉由在此處解開（délier），啟航在彼處又突然重新連結（relier）。人化（hominisation）過程在我們身上發生的方式，就如同水晶改變相位（phase）並逐漸固態化：成為一個人是否在於不斷地解開，以便在

別處並以其他方式連結（délier sans cesse pour lier ailleurs et autrement）？我們只是為了更換繩索而啟航嗎？

　　附近的森林——也就是另一個世界，或許也是我們的野生來源（origine sauvage）——碰觸著我們，圍繞著我們，滲透著我們，不放過我們。我們或許也不斷地重返這個我們最常從中出走的第三世界，不斷地擺脫它、好重返它。人類中走在最前端者依然將他們的根扎在最遠古和最幽暗的傳統中。

瓦爾戈代馬的夏布賀內烏山屋 [75]

　　凌晨三點。在一片寂靜中，所有的人都起床，收拾行囊，迅速吃早餐，然後出發。山屋管理員為人仔細、有禮又勤奮，正在分發裝滿淡茶的水壺，注意正在整隊的繩隊（cordées），並且機械地清點目的地。屋外，陰影中點綴著飛舞的螢火蟲，還有一盞一盞搶先黎明並取而代之的頭燈：沉醉在黑夜中，每個人都棲身在各自的微光中和狹窄的山徑上。每一位都是孤獨者。

75　瓦爾戈代馬（Valgaudemar）位於法國埃克蘭國家公園（Parc National des Écrins）內，是阿爾卑斯山區的一座山谷，湍急的 Séveraisse 河穿過，周圍環繞著超過三千公尺的高山，夏布賀內烏山屋（Refuge Chabournéou）坐落於此。

　　在山屋中度過的這一夜晚前，沒人離開過這個世界；從凌晨開始，每個人開始進到另一個世界。這間位於冰河附近的小屋，充當一個窗口、一扇門、一個閘室、一個入口、一條通道，由某種類似聖彼得的人看守。冰、雪和岩石構成了另一個世界，幾乎抽象的世界。它與我們日常生活沒有任何共通之處。水平在此變為垂直，我們過往的平穩在此不再安分，所有的姿態和行為改變了，語言也變了，除非經歷過，否則沒有人會懂。人們可以在那裡走十六個小時，只為了在這座與其他同樣也造就出許多舉起的雙臂、艦橋或聳立樹木的山峰齊名的山峰上，把自己獻給風和天空，獲得如此的非凡獎賞[76]。無論這段行程輕鬆還是艱難，返回時，每個人都在眼中藏著這種既不尋常又驚恐的神色，一種光，其紅色標誌著這些地方令人不安的陌生感。

　　打從我們的始祖被排除在天堂花園之外，我們所有人都必須帶著我們再也察覺不到的這種標記。

　　古老及原始一步步地伴隨著我們。我是否曾經在無意中說過，當冰河的河床凸起並向低處傾斜時，冰河就會破

76　塞荷認為登山如同啟航邁向另一個世界，句中所說的舉起的雙臂（bras levés）、艦橋（passerelles de veille）或聳立樹木（arbres debout）或許跟這個意念有關，如舉起的雙臂可以解讀為迎向、擁抱、歡呼的意思，艦橋則跟塞荷一直談的航向大海的船連結。

裂成裂隙（crevasses）？對此人盡皆知。這些裂縫或冰背隙
（rimayes）可見的口張著，泛著鮮白、蒼白和綠色，有些
地方則被雪所覆蓋。

　　當有時這同一冰床抬高，呈凹陷狀，冰河的厚度會破
裂，不過是發生在另一個方向上，這時裂隙成了倒 V 字形。
您跨過一條幾乎不可見的線，在高壓下被擠壓、鞏固及鎖
死，但其狹窄隱藏著巨大的體積，越深越大，有時甚至可
以容納幾座大教堂。

　　又高又白的山掩蓋了一些又低又黑的巨大空間。據
說，聲音在那裡消失了，呼喚在那裡消失了，光線在那裡
變得昏暗，沒有燈可以照亮：從未有人返回過。某個過去，
未被看到，未被言及，從其低向度，緊緊跟著邁向高向度
的旅程。

　　我們朝向它們啟航的大海與高山跟高空之間所共通
的是：要抵達，就必須經過港口、山屋或發射台。這些垂
直的孔道（cheminées verticales）引導向上，通過一個奇異
的迷宮，並且如同在兇殘的米諾陶洛斯時代一樣，嚮導依
然名叫亞利安[77]。在所有這些通常漫長而無盡的旅程中，

---

[77]　米諾陶洛斯（Minotaure）是希臘神話中半人半牛的兇殘怪物，克里特島米諾斯國
　　　王命人將之關入迷宮，這個迷宮是如此複雜和令人困惑，幾乎沒有人能夠進去後再
　　　出來，雅典被要求每年必須送 7 位少男、7 位少女入迷宮以為祭品。雅典英雄忒修

所有的通道都像通往加拿大西北領地（Territoires du Nord-Ouest）的冰迷宮。

　　但是，如果說在別處，每次出發都意味著一些線或連繫的斷裂，或者纜繩的鬆解，那麼相反地，凌晨在高海拔山屋前的出發則需要編組成繩隊 [78]。很少有人孑然一身在山上行動。在保護骨盆的安全帶之間，建立起一個柔軟但也穩固的物質溝通（communication matérielle），以確保行進無虞。行走、攀登、攀爬、通過或不通過的主體，不是他、您或我，而是這個繩隊，亦即繩索。遷移到寂靜高谷中最隱蔽處的隱士，或許並不情願，然而您剛剛以集體的方式啟航。在陡峭廊道中目炫於晨曦紫光的主體，是您的嚮導和您的朋友用他們的每個動作或步伐向您表明的愛，以及您以有來有往的方式帶給他們的愛：換句話說，依然是繩索。它必須被稱為由衷的 [79]，和諧的金蘋果 [80]。

斯（Thésée）前來克里特島，想要挑戰迷宮並殺死怪物，國王米諾斯的女兒亞利安（Ariane）愛上忒修斯，透過一根細繩作為線索，幫助他殺死米諾陶洛斯並走出迷宮。

[78]　cordée 指被繩子繫連在一起的一隊登山者，在此考量文本，譯為繩隊。cordée 本意指可用一根繩索纏繞起來的東西（ce qui peut être entouré d'une corde），衍生自繩索（corde）。

[79]　雖然在字形上相似，不過字源上，由衷的（cordial）來自拉丁文 *cor*，指心（cœur），跟繩索（corde）的希臘字源 *khordē* 無關──其指動物的腸、腸衣。

[80]　和諧的金蘋果（pomme de concorde）是塞荷對比「失和的金蘋果」（pomme de discorde）一說法所創造的語詞。pomme de discorde 典故出自希臘神話：未被邀請參加忒提斯（Thétis）和裴勒（Pélée）婚禮的「不和女神」厄莉絲（Éris）拋出一顆鑲

契約一詞最初表示可以束緊及拉扯的線（le trait qui serre et tire）：一組繩索的作用無需語言即可確保這種兼有約束和自由的靈活系統，藉此每個串起的元素皆可收到每個元素及系統本身的資訊，以及獲得所有元素提供的安全保障。

因此，從黎明到中午，在繩索的形式下，社會契約前行或攀上陡峭廊道：彷彿通過的是某個集體，它既透過自身法律的約束也透過世界[81]連結起來。

回頭看看那艘正在啟航的船：藉著纜繩，它只鬆開整個網狀物（lacis）、整個網絡、那些固定船體並且只有在水手的語言裡才有其名的繩索所交織成的整個複雜體的極小部分。解開連結？沒有：實際上還緊緊連著呢。而除非為了簽訂其他契約，否則我們不會甩開現有契約吧？過往的帆船不就是一個巨大又細緻複雜的結嗎？前往攀登山壁的團體，我們稱之為繩隊：這就是兩份即將走向歷史的契約。

過去人們相信「社會」（société）一詞衍生自跟隨（suivre）這個動詞，因此它模仿了一個序列（séquence）

有金子的蘋果，上面寫著「給最美麗的人」，立刻在現場造成混亂及紛爭，最終引發了特洛伊戰爭。無論是 discorde 或 concorde，都跟腸衣做的弦有關，跟繩索同源。

81　此處說的「透過世界」，可從下文以山為例的討論獲得進一步的理解。

的圖案。作為一位隱士或崇尚絕對自由者，您想脫離一切集體嗎？一旦醒悟，您就會回到那出現在集體本來面目當中的純行列模式（pur modèle processionnel）：性，連接號（trait d'union），從肚臍延伸出來的臍帶。

中世紀及古代的戰士基本上處在一種孤單和封閉的狀態中，他們為了保護自身，便使用笨重的盔甲把自己包起來，如同某些甲殼動物一樣；後來，自然偏好採行柔軟的肉體在外、堅硬的骨骼在內的靈活策略，就像戰爭似的；第三種解決方案進化得多，它甚至將防禦和保障置於身體之外：在關係中。從我身上出去的、懸掛的或失去的東西救了我（Ce qui sort ou pend ou perd de moi me sauve）；我向繩索啟航。儘管我們沒有證據，但這種連繫物一定構成了人類技術方面的首項發明：與第一份契約同一時期。

但是，在柔和的環境中，只要地勢是平的，沒人會感到連繫的必要，每個人都悠閒地獨自漫遊；但是，現在地勢隆升，變得艱難了；於是集體全部串連在同一條安全繩上，躲避在社會契約下。

當居於第三方的山變得崎嶇難行甚至讓人驚恐時，契約本身也改變作用：它不再只是連結起步行者，而是進一步拴住在特定且牢固的岩壁上；登山團體在這種情況下不

僅與自身連結、與自身參照（référer），還跟客觀世界連結及參照。岩釘需要岩壁具備支撐性，並且唯在測試後，人們才會安心地將繩索固定其上。除了社會契約，又多了一份自然契約。

當世界變危險時，團體對世界的關係變得不可少，那麼在啟航後，這些裝備（appareils）跟法律又維繫著怎樣的關係呢？

我有沒有提過，在我們少數幾次歇腳的過程中，嚮導在其中一次說了什麼？某日上午，他們兩人一組正攀爬在陡峭的山坡上，已經抵達一道佈滿薄冰的垂直峽谷的四分之三高度處，他們有規律地輪流運用繩索的協助向上推進，就在其搭檔準備跟上來之際，他們聽到落石劃開空氣所發出的咻咻聲；經驗老到的登山者擁有足夠敏銳的聽覺，能預感聖靈本尊的到來。

在岩壁的垂直線上，兩人並肩，每人雙手緊握冰鎬鉤住，鞋上的冰爪筆直嵌入堅硬的壁面，他們本能地閃向一邊，因為崩塌通常沿中央主斜坡落下，而這正是他們停下之處，一人朝右拉，一人往左扯。他們使力的同時，繩索也隨之緊繃。兩人說，那一天他們感覺仇恨在這根顫動的小提琴弦上高亢不已。朝旁邊閃時，每一方都拉扯著另一

方，似若要讓對方曝露在危險中。但並非如此：一顆如小
船般大的石塊在兩人之間滾落，雷霆萬鈞，一下子就將岩
釘、扣環、繩索和冰釘等所有他們如此悉心編織的整套裝
備連根拔起。風暴過後，他們如同黏在岩壁上的兩隻蒼蠅，
依然孤單但安然無恙。透過左拉右扯，他們表面上的仇恨
所激發的力量救了兩人一命。

　　分開有時是愛解決問題的好方法。

　　但逆境總是對主要防禦 —— 即溝通 —— 發動攻擊。
岩石拆散了繩隊，暴風雨連根拔起繩與結的交織物（船就
是一個這樣的網絡，這些精湛的技術被恰如其分地稱作裝
備[82]），讓它失效。

　　危機撕毀契約。

繩索與連繫

　　法律作為人類關係上的精密技術，人們有時會在當中
不經意地碰到或讀到一些明顯跟具體而技術性的起源有關
的陳述。例如，契約、義務或聯盟等術語向我們述說著連
繫：在此，我們的種種關係重新變成了一些線。

82　可能指啟航（appareillage）與裝備（appareil）在字形上的相似。

　　一根打了結用於拉緊的繩索在我看來是第一件工具，它能夠無差別地用於綑綁人類、動物或物品。沒有它，如何將石塊固定在手柄上、將動物栓在木樁上、將囚犯雙手綑住、編出一條纏腰布或是出海航行？還有，圈住愛人？繩索可以用來拉扯。可以拉扯，可以束緊，繩索變成了手臂（可以連接）與手掌（可以抓取）。手不在，繩索仍然有效，能夠自行發揮功用。

　　由於其柔軟性，繩索讓被綑住的人還有些許自由。無論如何，它在行動自由方面贏過手臂或木棍，因為後者都只能實現若干固定不動的關係。就像山羊可以在木樁四周由其繩索或韁繩所劃出的圓周內吃草，同樣地，被繫住的人也可以在雙手不受束縛的情況下在周遭活動，唯有在最緊繃的情況下才會阻礙他。

　　法律標出了若干界限。繩索則使其周邊變得可感，不過唯有當它變直時才會如此；在周邊之前，繩索界定了一個自由且無有繩索的空間，無論這空間是平面的還是立體的。或說是在法律內部的一個無法律地帶。

　　如此，在牴觸到法律邊界前出現的變化就跟在繩索周邊發生的情況一樣重要。繩索拉緊，變得又硬又直，它就像固體；鬆弛時，繩索柔軟，可以盤繞、折疊、靜止、盤

成錨纜，套疊起來，好像不存在一樣。奇特的變形，既自然又聰明的改變！我們想像一些可變的液體，它的密度會從一種靈活自如的揮發性轉變成一種濃稠頑強的黏滯性：您可以自在飛行或游泳，但突然間冰結凍了，您被僵住。被束縛或被強迫。繩索也是衣物的成分：您享有的舒適正棲身在寬敞的大衣裡面，但它也可以在轉瞬間將您綁住。界限顛倒了原本被它們包圍起來並加以保護的屬性：在界限內是可動性，在邊界上是固定性，在內部好像不存在一樣，在周邊突然出現；流體迎風起漣漪，衣服在風中擺動，一條繩索可以變化出皺褶、索環和繩圈，但結晶化就如同緊身衣般地會帶來束縛，而繩索一旦變得直硬也會緊繃起來。法律包含了並組織著一些無法律的空間。在內裡，我看到無法律的狀態。

關於繩索與其繩結的技術描述使我們能夠一次掌握連續空間及其劇變限制[83]、柔性拓撲學和硬性幾何學（唯獨它才能夠測量或分割、分配或歸屬）、變化與不變，因此是將約束與自由一起掌握。我們認為從中同時見證了科學、技術及法律的誕生。

83　劇變限制（limite catastrophique）概念源於數學中的劇變理論（Théorie des catastrophes），是法國數學家 René Thom 於 1970 年代提出的數學架構，強調連續過程中出現的中斷或驟然轉換。

　　我還喜歡說到，由於繩索能夠連結及拉緊，因此它還可以將若干物件、動物或人一起理解（comprendre）。或許這就是第一個能夠使我們的關係變得清楚和具體的準物件（quasi-objet）：實物版的義務鎖鏈（les chaînes réelles de l'obligation），此處輕盈，彼處壓迫著我們。

　　契約意味著在同一條線上被拉緊並受其左右的我們也一起拉，如同兩頭牛被套在一起拖犁一樣？這條繩索將我們跟其他人、跟被拖著的貨物連在一起。其中一方或另一方在自由下做出的最小運動馬上對第三方所具有的約束界限（limites des contraintes）做出反應，而後者的反應也會直接了當地作用在前二者上。這是一個關係系統、一個交換整體。這樣一來，並且實時地（en temps réel），這個群體中的每個元素相互串連，以力學的方式，通過力量和運動，理解其他元素的位址（le site des autres），因為它會不斷地被知會（informé）。

　　因此，契約不見得要以語言為前提：只需一組繩索就夠了。它們可以不用語言便理解自身。在詞源上和在事物的本性上，契約理解著。我們一起被約制，我們彼此約制——相互綑綁（entrecordés），甚至在沉默的情況下亦然；更屬害的是，契約混合了我們的限制和自由。我們每

個人通過繩索末端接收到的訊息，最終不僅是關於任何其他被綑綁者（encordé）的訊息，並且簡單地說，還是關於他所屬的整個系統狀態的訊息。繩索從一處銜接了另一處，但它也在每一處表現出所有位址的總體（la totalité des sites）；它當然是從局部到局部，但更重要的是從局部到整體，從整體到局部。因此，契約通過讓我們立即參與在我們整個社群中的方式來關聯上作為個體的我們。它將孤獨者融入了集體。

這個繩子有三項功能：古埃及拉繩員劃定農田，並運用其柔軟性將田地圈起；我們界定時可以沒有它嗎？繩子將主體關聯上這個客體，如同關聯上他的知識或他的財產一樣；它也透過契約將圍籬所確立的情況知會其他人；在集體的生活中，我們可以沒有它嗎？這是對繩子的形式的、能量的和訊息知會的（informatif）使用方式，或者也可以說是概念的、物質的和法律的使用方式；幾何學的、物理學的和法學的使用方式。知識的、力量的和複雜性（complexité）的連繫。簡而言之，它的三重辮（tresse triple）將我與形式、事物及他人連繫起來，因此將我引入抽象、世界及社會之門。訊息、力量和法律通過它的渠道而來。我們在繩索上找到了荷米斯的所有屬性，無論是客

觀的還是集體的。

　　繩索柔軟時，它與拓樸學契合，等到繃緊時，它開始描述一些幾何形態；藉由一些短暫微小的作用，它以微小能量的方式傳遞訊息，而持續的緊繃，它可以傳遞力量和強度，即高能（énergies hautes）；一旦碰到其應力的界限，它產生束縛，但在達到此極限前，它會保留自由行動的空間。這就是空間科學、乃至於其客體的誕生，全部還得再加上力量的技術才算完整；誰會對繩子還將精確知識與法律二者關聯起來這一點感到訝異呢？

　　最後，trait 一詞同時意味著物質連繫及書寫上最基本的筆劃：點、長劃，即二進位字母。一旦寫就，契約就會強制及約束那些在條款上寫下自己名字或畫押的人。在缺乏有形的繩索（無論是麻線或鐵鏈）及繫緊的繩結的情況下，條約（traité）仍然有效，並且藉由諾言的堅定不移及在公證人面前立下的莊嚴約定而自主發揮作用。我們被契約所約束，它理解我們：我們棲息在它的網絡（無論是村落間的還是全球的）中，我們受到它的系統和其副署者約束。有時，擺脫馬上的鞍轡比擺脫紙上的一筆更容易。

　　然而，第一個偉大的科學系統，即牛頓系統，通過引力相互連結：相同的詞彙、特徵、概念再次出現。大行星

相互理解，並透過一條法則關聯起來，確實如此，不過這
法則看起來很像一份取其最早涵義——即一組繩索——的
契約，兩者難以區別。一個行星或另一個行星最小運動馬
上會對所有其他行星做出反應，而這些行星的反應會直接
了當地作用在前述的行星上。通過這所有限制，地球以某
種方式理解其他星體的觀點，因為通過力量，它會對整個
系統的事件予以迴響（retentir）。因此，這是一種萬有關
聯（association universelle）的契約。牛頓本人可能不會反對
這種重拾了盧克萊修見解的思路：自然法則將事物聯合起
來（fédérer），就像社會規則將人連結起來一樣。

　　當帶有地方色彩的工具讓我們只能在小小的苜蓿田
裡工作時，我們並未以持續不間斷的方式被知會在地球上
發生的全球變化[84]；我們只需一副小小馬具，在幾位鄰居
的協助下，一起使勁地拉動一具窄小的犁就夠了。人們唯
一感興趣的訊息都跟這方小小土地有關。在這些年代，走
出自己的農地和村莊，我們眼中只有荒蕪和模模糊糊的人
群。我們的社會契約能夠包含的只是從為數不多的關聯方
（associés）那兒得來的少數物品。張開的嘴總是多過於麵

---

[84]　此處應從繩索的告知作用此一角度來理解，換言之，當人侷限於地方連結，他也自
　　外於全球連結，無法被告知全球變化。

包，因此話語總是多過於事物，政治學或社會學總是多於可消費的物品，沒有全球意義上的自然：所謂現代的社會契約忽視了自然；對於它來說，集體存在其歷史中，而這歷史又落腳於無處。

我記得那個沒有<u>世界</u>的舊世界，因為我正是生在其中並受其文化薰陶。我們只有地方連結，超出我們狹窄邊界的責任不存在。從中爆發了與他國的戰爭及世界大戰，這些戰爭所帶來的肆虐及暴行使我們成為一個<u>世界</u>公民（citoyens du monde）的世代。

今日，我們新工具所擁有的全球威力使地球成了我們的夥伴，我們透過自身的運動和能量不斷知會地球，作為回應，地球也通過能量及運動不斷知會我們它的全球變化。再一次，我們不需要語言來使這個契約發揮作用，如同一組力量之間的情況也是如此。我們的技術造就了一套繩索或物質連繫的系統，亦即一套力量及訊息交換的系統（un système d'échanges de puissance et d'information），它從地方向全球發送，而地球則以從全球到地方的方式回應我們。我只是簡單地描述這些繩索，以便能夠用多種聲音來談科學、技術和法律。

過往，作為傳遞個人口信的天使，荷米斯神穿越一些

無形界（milieux amorphes），從一個獨特性（singularité）
奔波至另一個；彼時，宣告──《晚禱》──是件不小的
事[85]。如今，祂命名了將全人類連上全球或反之的各類連
繫。諸溝通作用（fonctions de communication）融合在一起，
並且藉以朝向一種亞穩態[86]的方式邁進。地方事件逐漸消
失，這構成了當代最大的全球事件。

　　透過我們歷來所未曾編織過的威力最大的線路連結起
來，如今我們理解地球，地球理解我們。這種理解不單單
是為了哲學思辨的緣故（那並非太重要），重點在於它發
生在一個巨大能量作用中，這對於那些棲身在這個契約中
的人來說可能是生死攸關的。

　　不久前，我們開始以契約的方式跟地球共存。彷彿我
們成了它的太陽或衛星，彷彿它成了我們的衛星或太陽。
我們雙方互相拉扯，我們雙方彼此束緊。是透過衝突、臍
帶、還是性關係？以上皆是，並且還不止如此。簡而言
之，那些將我們連在一起的繩索構成了一個第三世界：營

85　《晚禱》（*Angélus*）是法國巴比松派畫家尚－弗朗索瓦・米勒的作品，繪於 1858 年。
　　作品名稱 *angélus* 為拉丁文，指天使，在法語中指天主教經文《三鐘經》，內容跟
　　耶穌基督降生有關，並在上午 6 時、中午 12 時及下午 6 時誦念而得名。經文名稱
　　跟首句經文 *Angelus Domini nuntiavit Mariæ* 有關，意思是「主的天使向瑪利亞宣告」，
　　這可能是塞荷在此提及的緣故。
86　亞穩態或準穩態（métastabilité）是一個理化概念，指一種不穩定但可持久的物質狀
　　態，廣義上可指某種情況潛在不穩定並在本質上是短暫的特徵。

養的、物質的、科學的與技術的、訊息的、審美的、宗教
的繩索。跟地球勢均力敵，我們變成了地球的雙星行星
（biplanète），地球也成為了我們的雙星行星，雙方通過一
整個關係的星球（une planète de relations）連結起來。基於
我們的偉大和我們的責任，這是一場在哥白尼意義上的嶄
新革命。自然契約就像一紙婚姻契約，結果有好有壞。

　　所謂的分析，我們必須理解為一切起鬆解作用的行為
及思想。凡是連繫通過或繃緊之處，這些連繫同時也傳遞
著力量或訊息，某種迴響。為了確立精確性和準確性，現
代科學切斷了這些連繫，並且透過這些切割拒絕了普遍迴
響（le retentissement universel）；它的理想顛倒了契約的功
能。然而，科學及當代需求所提出的全球性問題再次顛倒
這種切割理想受到，以至於這些問題重新連結了被分析所
解開的連繫。我們重返契約。

　　直到這個上午，自然對我們來說依然難以捉摸：或者
我們將之侷限在我們小小苜蓿田所提供的狹窄經驗中；或
者我們將之變成抽象的概念，有時也應用在人的身上；如
果我們在科學中研究它，我們會將之切割成更小的範圍；
人類知識的危機之一就在於它無法在沒有這些切割的情況
下運作，然而卻必須解決它們加在一起所引發的問題。所

以，今日，一個既新且鮮的自然，在其全球的、完整的並且被賦予歷史色彩的（historiée）新生狀態下，出現在同樣也是完整的、全球的人類眼前；在不久的將來，當被分隔的學科願意合為一體時，這個自然也會是理論的；馬上，它還會成為具體的和技術的自然，因為我們的干預手段作用其上，而它又反過來作用在我們身上；這是一個多重連繫的網絡（réseau de liens multiples），當中，所有的事物處於和諧、共謀及同意的關係中，這是一個交織物，它透過一種關係的格網（treillis），跟如今團結一致的社會及人的組織連結起來。

以不同格網的方式，這些繩索、繩圈及繩結被組合起來並且處處相連。它們的總和（somme）以清晰而分明、思辨和技術兼具的簡單方式定義了自然。而這個總和，過往或許有時曾被夢想過，但確實不曾被真正構想出來，也不曾走到必須加以實踐的地步。它是一個由諸多契約組成的集合（un ensemble de contrats）。

奇怪的是，直到二十世紀，自然才誕生在我們眼前，並且確實地跟人類真正連成一體發生在同一個時間（曰之真正，是指有別於官樣說法）。全球性的守護神大潘神[87]

87　大潘神（le grand Pan）是希臘神話中的自然之神，牧羊人和羊群的保護者，擁有人

總算在作為連繫之神的父親荷米斯身後浮現。首先透過祂的影子。

首次啟航或最後一次？

去自然徘徊的地方尋找它——它自由且赤裸、活躍且遍佈各處、警覺、永不滿足，而您將發現另一個世界，由它不懈的勤奮所組織和界定。在人世間（ici-bas），您可以從事千百種平靜的活動：睡覺、做夢、不停說話、放鬆注意力；所有危險都自然地遠離，以至於人們沒想到危險的存在；屋舍和花園、圍籬、農田、商舖、學校：一切都沉睡著或呼嚕作響；它鮮少造訪這兒，宛若來自別處：大家也都對它感到驚訝。在天上（là-haut），它，如同一種濃密的存在，在每一處細節上及在每一個地方都坐鎮統治著。

出港後：哪怕是最細小的錯誤都可能導致船難；離開山屋後：哪怕是最輕微的過失，您也可能會失手跌落；從發射台上啟航後：稍有不慎，太空船會爆炸，七名機組員殞命；因為一個細微的錯亂，事故便會降臨。細小的原因，

的軀幹、頭，以及山羊的腿、角、耳朵。在古希臘文中，Pan 為 Πάν，有全部、一切、整個的意思。

巨大的後果。在臥房裡，一切皆會對您寬恕，床和枕頭、扶手椅和地毯，各種柔和及鬆軟之物。無任何後果的千百種原因。

牆、城市和港口，把死亡隔開的避難所。

跨過這裡，死亡遍佈空間中，徘徊。它永不滿足，棲身在又低又黑的洞穴裡，在每一處窺伺著並張開大口。啟航後，您所做的一切如今都有可能被用來指控您。初審法官的話語迴盪著。高處（haut lieu）：高等法院。在此，原因的空間開啟了，沒有任何藉口或寬恕。每個動作都算，每個詞語甚至意圖、甚至連最微小的細節都算在內。如同司法言語，一說便即刻是述行的；而在此處，現實緊跟著它：行為才剛開始，一切馬上受到制裁。墜落時，您什麼權利都沒了。您開始根據另一種方式活著。床、牆、圍籬都不能讓您遠離死亡。

如何界定我們平日生活其中的世界呢？不算：這就是它整個規則，或者說得更準確，這就是其法律的空隙（les lacunes de ses lois），或說繩子的索環和繩圈[88]。在其中，眾多無關緊要的事情不具強制性，也不會受到制裁。您不必為共同生活中的每一個細節付出代價。有上百個法

88　即繩索鬆弛的狀態，可以纏繞彎曲。

律外的空間任您行動、說話或來去。在實際生活中，無法律狀態勝過了法律狀態。從這種行動自由中，我們的身體感到自在。誰會抱怨這些構成生活本身的自由度及無代價（gratuités）呢？這裡，契約之繩鬆弛，那裡，它們繃緊。

　　沒有任何其他世界會寬恕：死亡不放過任何過失並一定會予以制裁。這是為何有持續管控（contrôle constant）的需要，它也迫使人們精益求精。嚮導從垂直的冰壁上全身而退，沒有絲毫錯誤，意思是他沒有因此而命喪；他在一個任何事情都算在內的因果空間（espace causal）中活動；並且，他在其中發揮了良好的素質，它讓精湛的表現成為可能。他是繩隊的第一人，因此靈活（délié）：只有相互的關聯或契約才能提供安全，這同時也帶來義務；對於那些孤獨並且除了跟事物自身——跟世界的壁面——之外沒有其他連繫的人來說，保障只來自本事。

　　小提琴或鋼琴上的超凡性，大師能夠清楚演奏出來，然而另一個人卻可能會感到困難重重。演奏出錯確實從來不會使人喪命，然而每一位大師的整個生涯分分秒秒地決定在這些段落上。他所演奏的並非一個樂器，他在這裡賭上的始終是自己的整個存在。在繃緊琴弦上的些微瑕疵，組曲就走音了；在其他地方，例如科學領域，一個簡單的

錯誤就可能導致測量誤差，真相也就石沉大海了；母音字母位置有一丁點的不對，頁面便毀了，讓人看不順眼。科學證明、大海、偉大的藝術和冰雪皆不容錯誤。美從不享有犯錯的權利。在犯下第一個罪過時，地獄便大張其口。

懲罰（sanction）和成聖（sanctification）的形成皆以神聖（le sacré）為基礎，而後者又由死亡所產生，因此這二者可以追溯到相同的源頭：所有的其他世界（les autres mondes）別無二致地表現受到懲罰的空間（espaces sanctionnés），也就是有法律和有因果之地，也就是聖地（lieux saints）；這就是沉浸在世界的世界中的孤獨者、隱士（ermites 或 anachorètes）[89] 的住所。

高等數學、美術、絕技、激烈競爭、奧秘在每一處都跟高山或大海相符合，其乃繩索繃緊的世界。

這些世界或抽象或具體。當中最具體者，如海洋和山脈，對某些人來說似乎是抽象的；而最抽象者，如代數和樂理，對其他人來說又似乎是具體的。無論如何，這些世界環繞著這個世界，如同那位堪稱精益求精箇中典範的哥倫布出世之前，未知的大陸圍繞著人們以為唯一有人居住

---

89 原文提到二者，皆為基督教傳統下的隱居修行者，各有形成的歷史脈絡，在此一律譯為隱修士。

的地方。一些陌生的世界包圍著我們的空間。啟航引領我們往之。

在這些或近或遠的世界中，在這些第三世界中，在這些眾人皆曰危險、然而它們要求的只是我們在場（présence）──因為我們必須隨時隨地專注死亡的威脅（我們專注及在場的程度不亞於死亡專注及在場的程度）──以便馬上回應的世界中，我們的清靜（quiétude）趕走死亡。如果說它並未積極展開攻勢（那是因為攻擊應非其本性，它被動如黑洞），它依然不放過任何粗心大意者，並且絕無例外地予以懲罰：凡此皆會讓人變得非常靈活、非常聰明，凡此喚醒人。勤奮對抗疏忽。

在這個世界中，一切皆在眠中。在所有其他世界裡，每位單槍匹馬的人都警醒著。人在哪裡可以呼吸到更生機勃勃的空氣？沉睡者在熟悉的世界中交結關聯。在別處，警醒者四散各處。

如此，當我思考時，唯在這些其他世界之一的世界中，並且唯有透過它，我才真正思考著。在這些世界中，唯有警覺（vigilances）始能安住、來去及存在。真理、思想、意義，甚至覺醒，都是從死亡手中贏得的，因為沒有什麼比死亡更能完全侵佔一個空間並迫使人逐漸達到精湛的境

界。作為本能的挑動者、教導者，就像饑餓一樣，光憑它便能教會我們需要知道的事情。其餘的內容甚至不值得被稱為知識。教育這個動詞的意思恰恰是引導到他處、到外面、到這個世界之外[90]：實際上，就是啟航。

在此，我沉睡，在這個世界中我安息。在此入土（Ci-gît）。

於是，我所有的說法及整個宇宙都開始改變：保障使人入眠，習以為常的生命（la vie usuelle）沉醉在死亡中，在其中重複及狹隘的尋常愚蠢（l'ordinaire stupidité）蟄伏著，生命被麻痺、被束縛，而所有其他世界則充滿了活力與生機。它們是繃緊的。簡而言之，死於它的人並不比死於沉睡者這個狀態的人多。死亡使生命充滿活力，而生命卻因為缺少了死亡而死去。出發——走向自然——以誕生。

四處播種，在每塊岩石後，在浪花的褶皺下，隨時準備好咬您的屁股，它促使行動不斷精益求精：完美還要再完美的訓練；英勇的生命埋頭苦幹，永遠離不開它無情的學校。這就是所有生產的秘密（le secret de toute production），這就是為什麼文化只在各種第三世界裡找到

90　教育（éduquer）一字的詞源為拉丁語 ēdūco，兼有提取、使離、起錨、出港、生產、建立、飼養等意思。

棲身之地。好的生命只對死亡感興趣，而作為交換，死亡雕塑了它。

在歷經了那些激發出這個世界的其他世界後，我們再一次啟航，朝向它——我們的源頭。為了重生。

帕羅奧圖市，1989 年 10 月 17 日下午 5 點 04 分之後

從過去十二到十五個夜晚以來，這裡的每個人，在臥房裡，在就寢時，悄悄在床邊準備一件毛衣和一盞燈、一雙鞋子及應急物品，以防強震的來襲。學者和專家建議大家做好準備[91]。

因此，每晚我都會整理並看著地上那一小堆悽慘的破舊衣服，這是最起碼的必需品，逃難時可以一秒上手，我還在腦海中模擬這一幕：迅速起床，保持冷靜，穿上鞋子，立刻打開手電筒……

……但是為什麼？要去哪裡？尤其什麼時候？幾點鐘？為了多大強度的地震？確實，在此地，地球震個不停，已經兩個多星期了，但據我所知，在任何時間、任何地點，

91　帕羅奧圖市（Palo Alto）位於美國加州聖塔克拉拉郡內，位於舊金山灣區西南部，塞荷曾長期任教的史丹佛大學也在不遠。

威脅都存在。難道我們總是需要準備一套應急用品嗎？

　　哪一門堅實而簡單的科學可以告訴我解索（dénouement）、解脫（dénuement）、真正啟航以及什麼都不帶的時刻，好讓我可以赤身裸體、滿心振盪、渾身發熱、四肢顫抖地從這個地球走向虛無或走向哪位偉大的愛之神（dieu d'amour）？

瑪麗之母安妮

　　堅韌而慷慨、固執、脾氣不佳、全心全意為人服務、有著鄉民般有力的肌肉及嗓門、身無長物、終身未嫁，這位長女未曾離開過城市，也從未離開過父母的房子，這處歷經了母親半世紀的大權在握、如今由她以一絲不苟的方式掌管的地方。無人知曉她的私人關係或不足之處、有什麼過人的本事或感情生活。直到六十餘歲，她的生活依然平淡而不屈，從未看過她流淚。某種宗教和道德教育消除了個人色彩，無論是好是壞。

　　就在那年耶誕節个久前，她那腦袋早已返回天堂的天真快樂中的母親因病臥床，準備迎接死亡的到來。她從不打盹，這一身硬朗讓她人生初次的歇息竟然也是最後一次，

也令她度過了漫長的時間等死。八個孩子中，湊巧有五個女兒在這平凡又莊嚴的時刻虔誠地圍繞著她，這是生命猶豫是否升空、是否離開這副躺平且陰鬱軀殼的時刻。

她是否承受到一個突如其來的震動？這一下，一切都嘎然而止，大女兒起身，將母親抱擁在懷中，小心翼翼，帶著節奏，開始在房裡踱步，同時唱起熟悉的童謠，哼唱聲蓋過了幾位妹妹們跪著祈禱時唱的讚美詩，也淹沒了垂死者的喘息聲。

她將母親引人憐惜的身軀靠在自己腹部上並徜徉在雙肘環抱起的小舟裡 [92]，如此搖晃著。這當兒，前來協助的人員在非常靠近母親斷氣的嘴的旁側，看到其面容發生變化：柔和，相當痛苦，慈祥洋溢，安詳，崇高……她在分娩，她交給母親步入另一個生命的可能，無論是透過誕生還是藉由復活，她耐心陪伴母親，幫她度過這最後的努力，就像在分娩過程中吹氣和使勁的孕婦，同時努力減輕劇烈程度及壓迫，不讓她小孩的身體受到傷害。

於是，通過超自然的分娩，神智不清的老母在不孕女兒的懷中死去，在這期間，喘息聲、搖籃曲跟另外四位具

92　原文為 la barque des coudes，直譯為手肘的小舟（或盆、桶）。此處的 barque 讓人聯想到希臘神話中替亡魂擺渡過冥河的卡戎之舟（la barque de Caron），在此暫譯為雙肘環抱起的小舟。

有自然母親身分的女兒所唱的讚美詩交織起來，她們蒼白的嗓音跟隨著這兩個隱密過程神秘地混在一起。

沒有說話，這一切發生在衣物、散亂的毛巾和懸掛的床單、攤開的濕手帕、髒兮兮的布料間，這一切發生在生死間，並任由身體以生物的、野性的、古老的方式牽引著；或許，任由對難以想像的祖先始終得做、卻不知為何而做的事之重複所牽引；或者，單純只是因為擁有雙腳雙拳、一個性器官及一顆頭顱，他們便讓自己通過女性的主要通道流入人類的血脈中。

母親通過處女女兒的肚子回去或出來：安妮‧瑪麗。

在中國一處偏遠森林裡，六至八名伐木工人正準備抬起一塊巨大的木頭。這是一根倒放在地上的樹幹，樹皮已經去除，來自這些如淬火鋼般密實的樹，直徑遠遠超過這些人的身高。他們永遠也扛不起這龐然大物。他們輕輕地靠近它，彷彿要馴服它，觸摸幾處看來他們認得的部位，靜默無聲且極為緩慢地查看，接著用幾條普普通通的繩子將之綑綁起來，並且將那些比破衫做成的纏腰布還要寬的舊麻袋摺起來蓋住肩膀。

如今回想，他們近乎赤裸，頭髮花白，鬍尖還白了。

儀式般的動作，小心翼翼地靠近木頭，彼此緊挨著，方式和諧。這下他們彎腰，線條看來繃緊，木頭卻紋風不動。

這時，一首輕柔曲調不知從何方來——或許是喬木林、灌木叢或四周的葉片間，彷彿一匹布巾，將整個場景浸入其中，聲音細小、沙啞、低沉、輕柔，被流瀉出來，卻也依然沉浸在臟腑間：這聲響是否可能並不歸聽覺的範疇，而是關乎現場那些血肉之軀的內在？這聲音是否還潛沉在團塊中？俯身的背部唱歌、祈禱、呻吟，宛若蜷縮在童年的搖籃曲中，呼喚著這塊又厚又硬的木板（madrier），而木板以某種葛利果神秘（mystique grégorien）的方式與它們應和。樹幹重新在他們的大腿上生根，或從他們的骨盆中長出。

我告訴您我的所見所聞：物質（matière）被抬起來了。是的，七個矮壯的伐木工人搬動了，在一只藤蔓編的搖籃裡，這些藤蔓如同鋼琴低音琴弦般地顫動。不對。是物質懸浮著。被音樂的微風帶走，這塊又厚又硬的木板揚起帆來，它啟航了。

我在這裡說一個非常古老的見證：我相信，在我們古老的語言中，madrier 或 matière 這些詞同時意味著木頭及母親（mère）。

死後續篇

引魂者（psychopompe）：這是古代荷米斯崇拜給祂的稱號之一；指祂陪伴亡魂前往冥界。祂默然地守望我們的臨終，是信使、連繫及繩索之嚮導，在透明空中翱翔的天使，如火箭般解開連結，然後引領我們前往其他世界。祂的名字、行為及神話概括了所有說到的東西。

此外，人們還尊崇祂為創新者（innovateur）：他發明了一些物件，如豎琴、以兒子潘來命名的潘笛，還有字母與書寫符號；他或許還發明了道路的界標，這些高大的石塊在古希臘不僅以祂的名字來稱呼，石塊上還可看到一張臉像和一個性器官，二者皆為象徵道路的溝通器官。

關係、物件的建構者，死後的引導者，訊息和創造性過渡（passages productifs）之神，我們能感受到在黎明和夜晚的兩個昏黃時分，他靜悄悄而半透明的存在。總的來說，荷米斯應該可以被視為啟航的天使長（archange）。

兩位戀人的蘋果——我們始祖父母間往來交換的見證——織成了牢固的或脆弱的連繫，並且時常被逆境截斷；往來促成了船的建造，然後蘋果－梭子（navette-fruit）開闢了通訊的管道，如同蜘蛛絲；若干通信技術製造出亞利

安號，後者再以通訊衛星的方式增加並擴大了通訊。大體上，關係（有時是法律的）建構出物件（總是事實的），而物件又讓一些關係成為可能，然後這些關係再促成其他物件的誕生：我們便活在這種螺旋、連續、斷裂或震盪的曲線上。

口信及解釋者之神變成了能工巧匠，還有什麼事情比這個更明白呢？祂製造了最早的繩索嗎？我們的語言用了同一個音說：這位轉譯者（le traducteur）、這位引導者（le conducteur）很快變成了生產者（producteurs）。隱藏在這些韻腳或詞根後面[93]的這位嚮導遞給我一根繩索[94]，這是一個創造出來的物件，一個可靠的關係，接著是一份契約。

啟航將我們拋擲（jeter）到別處或朝向另一個世界和到另一個世界中，以至於這種關係促成某個裝備（appareil）的出現，也就是一個物件（objet）的出現：從字面上講，objet 就是被拋擲在我們前面的東西。要如此出現在前面，它必須從我們的身體中出來！否則，這個噴出及被投出的拋擲會從何而來呢？有時，整個身體衝向彼處。投射（projection）以主體為起點，這又是一次相當妥切的命

93　指三個詞都以 -ducteur 為詞根及押韻。

94　詞根 -duteur 出自拉丁文 *ducto*，同時具有引導、帶領、指揮、欺騙、引誘、拉繩（tirer une corde）等意思。

名[95]。與那些將自己封閉在本能所提供的穩定防護中的動物相反，我們稱呼其身體會敗退（le corps perd）的這種動物為人[96]。

然而，在這些象徵、這些人及他們的行為背後，隱藏著嚮導為了保護我們而加以抵禦的東西，這個東西指導著我們的腳步，它引導著我們，並且同時也迫使我們創造：它就是死亡。我們朝向它的啟航迫使我們製造出從事物上啟航的工具、從人造物上啟航的文字、從文字上啟航的音樂、從音樂上啟航的數學符號……朝向它的啟程告知了並要求了所有其他的啟程。

舉例：在歷經千千萬萬個千年的可怕努力後，薛西弗斯（Sisyphe）終於成功地將墓石（la pierre mortuaire）推出了地面：喪葬女神（déesse funéraire）赫斯提亞[97]死去的身體出現在我們的路上，cairn、hermès[98]或岩石堆，皆為墳墓；某日，墳墓變成一座巨大的金字塔、一尊雕像或一座巨像、

95　投射（projection）結合了 pro- 及 jeter，亦即向前拋擲（jeter en avant）的意思。

96　指人不會固守在自己的身體當中，並透過一種外部化過程，身體的能力轉化為外部器物。例如透過汽車的發明，人的腳在某種程度被取代。從身體的角度來說，它退敗了。

97　在希臘神話中，赫斯提亞（Hestia）被視為爐灶女神及家宅的保護者。

98　cairn 是凱爾特人的石塚，後也用來指登山者或探險家作為地標而疊起的金字塔造型石堆。hermès 指刻著荷米斯頭像的石柱，塞荷前文提過荷米斯發明了道路界標，古代也有將此石柱放置在路上的習俗。

一棟塔樓；爾後，經過加工、開孔、精雕細琢，宛若去肉身（décharnée），再加以大力驅動，最後某種埃菲爾鐵塔便在颱風和雲霧中啟航，這就是穿梭星際的火箭。如此，既是處女亦為母親的赫斯提亞在臨終之際，藉著以令人目眩的方式縮短了那無窮無盡又百折不撓的人類化進程，終於趕上了亞利安號的發射。我們最精密的物件是一次又一次的啟航所得到的結果，而死亡始終同步相伴。這段漫長而真實的歷史開展了荷米斯神之普遍作為的最古老篇章，而祂的後繼者們，那些最輕鬆者，演唱音樂、談論語言、解讀科學，以獲致我們的種種成就。

地球！地球！

然而，有時會截斷連繫的逆境，如今不再只攻擊我們的身體（打從有事物以來，這個身體便注定會死，而它也透過這種出走或這些關聯——蘋果、繩索或傑作、乃至於以一種悲愴或尋常的語氣寫就的篇章——來進行抵禦），而是攻擊那個將我們連結起來並且無一例外地將一切——我們的土地和我們這個物種、我們的繩索及結盟關係之全部——連結起來的東西。自從長崎原爆以來，我們在我們

的權力中滋長著自身的消亡，而宣告其到來的趨勢曲線呈垂直上揚。雖然從彼時起，因為這個世界的統治者肆無忌憚的吼叫，我耳聾了，但是我並非唯一一個能聽到巨大岩石劃開空氣所發出的啾啾聲的人。在個體的及地方的、古老的、原始的死亡（la mort individuelle et locale, antique, primitive）之後，接著上場的是一種現代的、特定的和全球的死亡（une mort moderne, spécifique et globale），是我們的集體世界前景（notre horizon collectif mondial）。

　　它會把我們從知識的沉睡（sommeil savant）中喚醒嗎，並且是為了哪個啟航、朝向何種卓越或精湛呢？相較於過往的科學發明者從其古老的姐姐那兒所獲得的智慧，它會對我們還以一樣多的智慧嗎？死亡施加的壓力越大，我們的努力所具有的本事就越高，我們所製造的世界物件所能夠觸及的範圍也就越廣。

　　因此，推至極限，當宇宙（l'univers）變成了對象，其所對應的是普遍的死亡（la mort universelle）。如今被拋擲在我們面前的是地球。它走出了我們、我們也走出了它嗎？

　　現代性從我們過往所說的自然——我們沉浸其中的古老世界——啟航，投入其越來越脫離現實（déréalisation）的運動中。已發展的人類（l'humanité développée）變得抽

象、缺乏經驗。他們航向符號,流連於圖像和編碼間。在都市,人們漂浮於這些東西之中,跟生命、跟世界的事物皆不再有關。人躺在柔軟中,失掉了堅硬。人,變成游移的(voyageuse)與多話的(parlière)、訊息靈通的(informée)。我們已經不在這兒了。我們遊蕩,在一切地方之外。

啟航至夠遠處,我們終能思量整個地球。弓背彎腰的鄉民仰賴犁溝過活,只看見自己;野人只看到他的林中空地或穿過大片森林的小徑;山民看見他的山谷,覓得高山牧場;市民從他大樓的樓層上望著廣場;飛行員只看見大西洋的一部分……這是一個被湍流環繞的朦朧球體:地球這個星球,一如衛星所拍攝的那樣。整個地球。

我們飛多遠才能如此望見它,也就是整個一起看?我們皆已成了太空人,完全去地域化(déterritorialisés),這並非如同往昔異鄉人在異鄉的景況,而是相對於所有人所共同的地球。

過去,每個人都守護著自己的一塊土地,他既是農人也是士兵,因為他賴此維生,並且其祖先也在此安息:田犁與步槍具有相同的地方意義,是與土地連繫的物件(objets-liens au sol),如同墳墓。哲學發明了在此存有,

亦即在此入土。這個發明就出現在<u>在此存有</u>消失之際，就出現在土地不再分彼此並從一小塊田過渡到宇宙之際，就出現在土地的名字配上了大寫字母的同時[99]。曾經，從這樣的地方小港口、從這類普普通通的客體為起點，我們啟航。而我們最晚近的旅行則將我們從土地帶到了地球。

全部人類飛行著，彷彿太空人盤旋一樣：太空人遠離其住所，但通過所有可能的網絡來保持聯繫，通過我們所有的技能、財富、勞動和能力來保持聯繫，乃至於他們代表了高度發達的人類現狀。

從上方看，從這個新高處看，地球容納了我們所有的祖先，不分彼此地混合在一起：這是普遍歷史的普遍墳場（universel tombeau）。所有這些煙霧從遠處宣告著怎樣的喪禮？而且，從這裡，沒有人可以看到邊界，怎麼說都是抽象的，因此我們可以談到亞當和夏娃——我們共同的祖先，因此我們可以第一次談到友愛。人類最終成為一體。

我們從地上天堂被逐出這一點引領我們發展至此；因此，這就是人類化及歷史所獲致的結果，這是我們的勞動、以及在個體死亡的驅使下世世代代受苦人類所獲致的

99　土地（terre）字首字母改為大寫後指地球（la Terre）。本段最後一句所說的土地、地球也與此有關。

結果，暫且說最後的結果。因此，普遍死亡（在其所有的意義上說的）與作為對象的宇宙相對應：確實，普遍死亡威脅著我們，但它也藏身在宇宙；我稱為另一個世界的這個宇宙涵蓋了整個地球。

哲學，第一次，可以說超越的人（l'homme transcendant）：在他的眼下，整個世界都被客觀化了，被拋擲在前面，成為對象、連繫或裝備；至於他則被拋擲出去：完全從地球啟航；不是從布雷斯特港口，從庫魯基地，從夏布賀內烏山屋，從他臨終的床，也全然不是從某個特定地方，這兒或那兒，不是從他生命的沃土，他的天堂，也不是從他母親的子宮，而是從整個地球上……

……那顆最大的蘋果。最美的球或躁動的球體。最讓人讚嘆的船，我們永恆而常新的船。最快的太空梭。最高的火箭。最大的太空船。最濃密的森林。最雄偉的岩石。最舒適的山屋。最靈活的雕像。在我們腳下敞開、冒著煙的這整抔土。

難以描述的感動（émotion）：母親，我虔誠的母親，我們隱修的母親，自從世界是世界以來最沉重的、最豐饒的，母性中最聖潔的，因為始終獨身也始終懷胎，因此是純潔的存在，所有生命的處女與母親，超越活著的狀態，

是任何可能生命不可複製的宇宙子宮，冰之鏡，雪之席，海之皿，羅盤玫瑰（rose des vents），象牙塔，黃金屋，約櫃 [100]，天之門，救贖，庇護，被雲霧圍繞的女王，如果它可能死去或當它步入垂危，誰能移動它，誰能在懷中抱住它，誰能保護它？它真的在翻騰？我們沒用我們在知識上的精湛毀滅了它？

感動：置於動中（mettre en mouvement）的因素。當我們不再以它為基礎，我們如何動（se mouvoir）？不立足其上，我們如何將之抱在懷裡搖晃？或沒有了它，我們如何從它啟航？因此，我們如何感動（s'émouvoir）？將失去地球的人也將再也無法哭泣。他們再也無法埋葬祖先。我們只會為了喪母而哭，這位曾在懷中搖晃我們的母親，這位我們所有苦難的唯一安慰者。我們是英雄，這無疑，我們聰明，這也確然，我們是天才，為何不，但我們卻是不可安慰的（inconsolables）、未被安慰的。

飛得夠高，好看到整個地球，如此，透過我們全部知識、全部技術、所有的溝通，透過大量的信號，透過所有可能的臍帶，無論是生物的還是人造的、可見的還是隱形

---

100 約櫃（arche d'alliance），以色列人的聖物，又譯法櫃或契約之櫃。約櫃是一只箱子，相傳裝有神在西奈山賜予摩西的十誡。

的、具體的還是純粹形式的,我們跟它連結起來。藉著從地球啟航到夠遠之處,我們拉著這些繩索,直到理解它們全部。

成為太空員的人類在太空中漂浮,就像羊水中的胎兒般,透過所有營養管道與母親－地球的胎盤相連。

從這個史上所有啟航中所抵達的最高處,普遍主體——這終於結成一體的人類——凝望著成為客體的宇宙,地球;但同時也是:幼童吸吮著母親,仍然通過無數的臍帶和連線與之相連。如此,在感動中,生命的——或說營養的——連繫,跟思想的——或說客體化的——連繫,成為同一回事。

從這個位址,也就是我們的此時此地,我們存在和我們當代知識的新據點,從這個如今哲學由此觀看及思索之處,技術重新加入生命,科學重新加入自然,此處自然意味著一個即將來臨的誕生(une prochaine naissance)。通過這些多重連繫(無論硬的還是軟的)所構成的通道,誰將讓誰生或死呢?

對這個與新客體連在一起的新主體,生與死再度交換了其角色,並且由於人類不停地精益求精,因而帶來危險。我們難道不應該成為我們垂死老母的母親嗎?這個新責任

會有何等嶄新的意義：重新讓那個曾經誕生我們的自然誕生？地球是一個生下它的創造者的處女嗎？

是的，地球在太空中漂浮，就像在羊水中的胎兒一樣，通過所有營養管道與作為母親的科學（la Mère-Science）的胎盤相連接。

誰將生下誰，又為了怎樣的未來？

啟航或分娩，創造或產子，和解的生命與思想，在這兩種情況下的 conception[101]：在死亡的危險下，荷米斯之子潘神將重返？

這些共生連繫（liens de symbiose）是如此具有相互性，以至於我們無法決定誕生將發生在哪個方向上，而正是這些連繫為我們勾勒出自然契約。

失控的

失控的（désemparé），這就是我的簽署；因為，經常，我活得並覺得失控，宛如身處在威力無比的颶風中及大海上，船上的裝備很快便失靈了；巨浪摧毀了船隻的上層結構，桅杆折損，索網斷裂，一切被沖散，獨留載浮載沉的

---

101 conception 兼有受孕及構想之意。

破洞船體，倖存的船員緊緊抓著。在困頓中，我倖存了如此長的時間，以至於我已失去了所有自己的上層結構，旗幟和頭銜、繩索、船帆、外套、地址和港口、名稱、面容、儀態及主張。

啟航意味著船及其船員信任他們的技術和他們的社會契約，因為他們做足了一切準備然後出港，橫桁昂然，斜桅指向未來。可以說，控制（s'emparer）了水，他們將大海掌握在他們的機具中：大船縈繞不離其纜繩和小艇，受其船頭和船舵照料，受結起的繩索保護，領航員居住在船上。然而，整個如此妥善準備乃至於出發前宣稱一切準備就緒的世界，當風暴扯掉纜繩和絞盤，藉著撕裂結起的繩網，從而脫去了扁舟的外衣時，它會再次啟航：如今，失控的。

我不願回想自己跨進這關鍵而真實的第二階段的日子：彼時起，我不再擁有機具，甚至覺得從未擁有過。打從我發狂的幼年開始，我便裸身前行。限縮至僅有的殘餘。甚至，我缺乏許多舒適生活所必需的物品。我活在沉船的警戒中。始終山窮水盡，連結斷落，逆風而行，隨時準備沉沒。

美好且自強不息的生活是否要求這些無可挽回的損

失？寧靜安詳、真正的健康（la grande santé）是否明白喜好駭人血腥的了斷？

這就是為何在周遭許多人擔心受怕的地震期間，我嚐到了喜悅的滋味。突然間，大地搖晃了它的岩體：牆壁顫動，斷了磚石結構的連結，隨時可能坍塌，屋頂扭曲變形，一些女士跌倒，通訊中斷，巨大的聲響讓我們無法聽到彼此，技術所構成的薄膜裂開，發出金屬或水晶的清脆聲響。世界終於來到我的身邊，變得如我一般，完全失控。正當基本的存在、深處的聲響、咆哮的世界在失去平衡的腳下從黑暗中升起，千絲萬縷無用的連繫也鬆脫了，一切化為烏有：船殼、橫樑、龍骨、堅實的架構，完美的基礎結構，這些自始至終我緊緊抓住的東西。我回到我熟悉的宇宙，回到了我顫動的空間，回到了平常的裸露，回到了我的本質，準確地說是回到了狂喜。

我是誰？活在永恆地震中的一個虛無顫抖（une trémulation de néant）。然而，在一個深刻幸福的時刻中，痙攣的地球前來跟我搖晃的身軀結合起來。我是誰？此刻，就幾秒鐘的時間，我就是地球本身。我倆在思想感情上相通，它與我——雙重失控的——相互愛慕，一起抽動，在一種光暈中結合。

猶在未久前，我曾經 —— 以我的眼睛及以我的知性——看過它；最終，通過我的腹部和雙腳，通過我的性器，我是它（je la suis）。我能說我認識它嗎？

我能否將它同時認作我的母親、我的女兒和我的情人？

我應該讓它簽字嗎？